U0582416

后浪

给忙碌者的极简管理学

THE WALL STREET JOURNAL
ESSENTIAL GUIDE TO MANAGEMENT:

LASTING LESSONS
FROM THE BEST LEADERSHIP MINDS
OF OUR TIME

四川人民出版社　　[英] 穆瑞澜 Alan Murray　著　　张维懿　译

前　言

　　在本书写作期间，一场史无前例的金融危机引发了自 20 世纪 30 年代以来最大的经济下滑，世界经济遭遇重创。2008 年 9 月，在那特殊的 9 天里，美国政府颠覆了资本主义的基础，将房地美和房利美进行了国有化，强迫美林证券和美国银行进行合并，批准了雷曼兄弟倒闭，然后策划了对美国国际集团的大规模经济救助。

　　之后，我那些居住在康涅狄格州格林威治村的邻居们，看起来就像是丢了魂儿。他们之前建造宽敞的住宅，购买昂贵的进口汽车，是因为坚信全球经济将继续由金融驱动，而金融将继续由美国控制。但是金融危机过后，身处废墟的他们失去了信心。金融创新的价值和美国在金融业的统治地位都遭到严重质疑。互联网泡沫在破灭后好歹还留下了一份技术遗产，但除了格林威治村的豪宅和豪车，谁也不知道金融泡沫破裂后留下了什么——是抵押贷款支持证券，还是信用违约互换？谁还真的需要它们呢？

影响也不仅限于金融界。每个行业，每个组织，都不得不对麦肯锡公司的伊恩·戴维斯（Ian Davis）所说的"新常态"做出反应，重新思考自己的经营之道。他写道："我们正在经历的不仅仅是一个新的经济周期，而是经济秩序的重建。"这意味着债务规模将会下降；政府将会管得更多，涉入更深；消费者会更加谨慎；商业界将不得不表现出不同以往的谦卑。

不确定性就是当今的规则。以过去的经验做出的推测——例如，"居住类地产价格总是在上涨"或"战争之后的平均衰退期为6到8个月"——都将不再适用。纳西姆·尼古拉斯·塔勒布（Nassim Nicholas Taleb）的著作《黑天鹅》，其主题是不可预测也不可解释的大事件，成了商业界的新《圣经》。我们唯一能够确定的，是未来将会看起来与过去非常不同。

很明显，我们已经迎来了一个时代的终结。1979年，我曾经到访过伦敦政治经济学院研究生院，那时正值旧时代的开端。当时伦敦政治经济学院仍然是左翼政治思想的桥头堡，玛格丽特·撒切尔正在为英国设定一个新的方向——政府不再干预商业，开始拥抱市场的力量。而在美国，罗纳德·里根当选为总统，也实行了类似的路线。私有化和放松管制的呼声此起彼伏。

与此同时，美国商业界也在经历一个属于自己的开放过程。在20世纪五六十年代，约翰·肯尼斯·加尔布雷斯（John Kenneth Galbraith）等分析人士惊讶地发现美国的大公司和苏联的计划机构惊人的相似：信息自下而上，命令自上而下，实行等级管理。

然而，自 20 世纪 70 年代后期到 80 年代，一切都变了。一本名为《组织提升：公司如何才能解放员工、获取利润》(*Up the Organization: How to Stop the Corporation from Stifling People and Strangling Profits*) 的小册子获得了巨大成功。它的作者是安飞士汽车租赁公司 (AVIS) 的前首席执行官罗伯特·汤森德 (Robert Townsend)。他曾呼吁执行官们"裁掉整个广告部门""裁掉整个人力资源部门"，以及"是的，也要裁掉整个公关部门"。为破除掉企业中自我保护的官僚体系，他推举了一位副董事长负责部门裁撤工作。在完成部门裁撤后，他又引入了一种新的管理办法——充分授权、鼓励辩论、分配责任、要求卓越。

类似的理念也波及了各大商学院，并在那些管理得最好的公司中落地生根。

政治、经济政策和管理齐头并进的改革催生了一个非凡的商业创新和商业繁荣时期。位于震中的美国和英国，一切都在重生和恢复。在 20 世纪 70 年代后期和 80 年代，那些预言美国将会衰落、已经准备为国家写墓志铭的先知们，到 90 年代之后也不得不撕掉手稿，承认自己没能想到国家能拥有如此持续的活力。同时，部分发展中国家——特别是中国和印度——经历了极速发展和世界上有史以来最大规模的人口脱贫。

但是，钟摆总是在摆动。在金融危机来袭之前，一度在全球鼎盛非凡的资本主义在自己的消磨之下，开始不那么受欢迎了。其中，互联网股票泡沫的破裂、"9·11"恐怖袭击，以及安然、世通、阿德尔菲亚、帕马拉特等公司的丑闻都起到了推波助澜的作用。政府开始发声，起初是安全问题，之后是公司治理。

然后，到了2008年9月——一刀挥下，将历史分成了两段——金融危机之前与金融危机之后。一个新的时代到来了。

巧合的是，当年9月16日是《华尔街日报》发布新版网站的日子。新的网站不仅在观感上进行了升级，增加了多媒体工具，而且第一次允许读者对新闻进行评论。因为这桩突发的重大新闻，网站的访问量激增至2000万人次一个月，伴随而来的是海量的评论。

作为网站的执行主编，我可以看到我们的记者和读者都在努力想弄清楚扑面而来的变化。一如既往，《华尔街日报》的记者们率先报道了很多事件的发展，比如凯特·凯利写了关于投资银行贝尔斯登（Bear Stearns）倒闭的新闻，莫妮卡·兰利报道了曾经强盛一时的花旗集团沦落到为了经营上的微小细节去恳求其政府监管人的故事。兰利引述了其首席执行官维克拉姆·潘迪特（Vikram Pandit）向一位政府高官祈求时的原话："请不要放弃我们。"

当年11月，奥巴马刚刚当选总统，《华尔街日报》将大约100名世界最大公司的首席执行官们聚集在了一起——包括谷歌的埃里克·施密特、日产汽车的卡洛斯·戈恩、时代华纳的杰夫·比克斯、辉瑞的杰弗里·金德勒，以及维朋公司的安吉拉·布拉莉等。作为活动的主持人，我得以有机会倾听他们就一些企业和政府面临的重大问题的私下争论——比如未来经济和金融体系、医疗体系面临的挑战、摆脱对碳基燃料的依赖等。会后，当我撰写这本书时，多位首席执行官还提供了额外的建议。

让我感触最深的是，历史上这一段特殊时期，极大程度上提升了对更好的管理水平的需求。一段时间以来，管理专家们一直强调，在建立组织时要减少等级，更加开放和灵活，更加民主，要有分布式的决策结构，这些都是为了应对快速而不可预知的变化。正是这些特征，让管理精良的公司安然度过了危机，也正是这些特征的缺失导致了其他公司的倒闭。

那些幸存下来的公司——比如迪克·柯瓦希维奇的富国银行（Wells Fargo）——他们之所以能够幸存，是因为他们一直对意外事件有所准备。这些公司的管理者，坚持了一种诚实的文化，没有让花哨的风险模型影响了他们的常识和基本判断。

危机后的乱象让我更加确信这本书比从前更有价值。世界各地的管理者都正在没有海图的茫茫大海上摸索前行，他们需要一位导航员。

希望本书接下来的内容，能够满足他们的需要。

导　言

　　每一天，甚至是每个小时，都有数以百计的人成为管理者，尽管他们没有接受过任何专门的训练或者教育，也没有表现出任何在管理方面的才能。

　　他们可能是出色的软件工程师，或者是金牌销售，甚至是优秀的记者。但是，突然间，他们被要求去承担一项他们没有任何经验的工作。这种情况，就仿佛是航空公司要从他们的乘客中挑选一位飞行员。

　　也许读到这儿，你会说：等一等，管理工作跟驾驶飞机可不一样。管理是可以凭直觉的。这是一种大众化的技能，一种从幼儿园时代就开始磨炼的技能。做管理，并不需要接受数小时的实际飞行训练，你仅仅需要按照直觉行事即可。

　　你当然可以这样认为，但是这样的话你将会犯错。因为你的直觉将会让你在管理的世界里迷失方向。从前人那里学习，或者从那些曾经观察和研究了前人的失败和成功的人那里学习，已经被证明对于一个人的成功至关重要。

20世纪，我们看到，对于管理学实践的研究工作呈爆发式增长。管理学宗师彼得·德鲁克（Peter F. Drucker）将其称为是"20世纪最重要的创新"。而对于怎样的管理学实践可以获得良好效果，以及怎样的管理学实践效果糟糕至极，真正的研究者们形成了令人惊讶的高度共识。

尽管学界已经有了如此共识，这个世界上还是到处都是良莠不齐的管理者。几乎每个人都可以举例说出自己在日常生活中遇到的可怕的管理行为。我们可以引用一下卡通人物呆伯特（Dilbert）的经历，他的尖头老板靠转动一个转轮指引方向。这个转轮上有四个荒谬的基本策略："整合""大叫""云山雾罩"和"逃避"。同样，对于大获成功的系列电视剧《办公室》（*The Office*），我们也要深表感谢，因为在这些剧集里，创作者用他们的幽默感将"拙劣的管理"升华成了艺术。

《办公室》于2001年在英国BBC电视台首播。美国版则开播于2005年，由喜剧演员史蒂夫·卡瑞尔（Steve Carell）领衔主演，而他在其中扮演的角色是迈克尔·斯科特，一位生活在宾夕法尼亚斯克兰顿市的邓德·米福林纸业公司（Dunder Mifflin）的区域经理。

在电视剧中，斯科特经常会就领导力的重要性，自言自语，大发感慨。他自认为是一个开明的经理人，经常召集聚会，并主办一年一度的"邓德"颁奖仪式激励他的下属。他还意味深长地说：对于公司最重要的是——人。

但实际上，他小气、专横、优柔寡断、迟钝、怯懦——是一个成功的管理者的反面典型。他不愿意开除员工，也不愿意削减他们的福利，所以他将这样的任务委托给他的助理，有虐待狂倾向的德怀特·施鲁特（Dwight Schrute），而这位助理也非常热衷于执行这样的任务。斯科特对于公司面临的大麻烦显得毫无察觉——一家独立的纸业公司，在与史泰博办公用品公司（Staples）和麦克斯办公用品公司（OfficeMax）这样的大公司的竞争中，艰难地生存了下来。而他却没有能力鼓舞员工士气，只会让员工感到绝望。

"现在，这只是一份工作，"剧中的另一位主角，吉姆·哈尔伯特坦荡地说，"如果我能在这家公司升到更高的位置，这才会是我的事业。而一旦这份工作成为我的事业，我将动力无穷。"

这部连续剧能够引起观众共鸣，很大一部分原因是剧中发生在邓德·米福林公司里的那些闹剧，让人感觉就发生在自己身边。"拙劣的管理"已经成为日常生活中无处不在、随处可见的现象。

新走上管理岗位的人，特别容易犯错误。他们在工作中和迈克尔·斯科特一样，认为自己是管理者。而实际上，他们会发现，自己的行动受到来自各方的约束：骄傲自大的老板，贪婪狡猾的员工，以及由同事、供应商和客户组成的庞大人际网络。这些新的经理人还会发现，他们需要依赖这些人，却对这些人没有任何控制力。一个新的经理人，很容易在不知不觉中将每天所有时间，都耗费在应对其他人无穷无尽的要求上。

"成为一名经理人，并不是成为一个老板；而更像是成了一个人质。"一位新近被提拔的管理者对哈佛商学院的琳达·希尔（Linda A. Hill）教授这样说。

新手管理者认为他们的权威来自他们的头衔和职位。他们希望下属按照他们说的去做。但是，他们发现直接的命令会遭到无视或忽略；并且，越是有才华的下属越不愿意听从他们的命令。对此，有些新手管理者试图要求下属绝对服从他们的每一项命令——但后果往往是灾难性的。

就像迈克尔·斯科特一样，新的管理者试图与他们的下属交朋友，然后发现每一段新的友情，都会成为与其他人争论的源头，并最终破坏了团队作为一个整体的工作能力。

但并不一定都会落到如此地步。如果方法得宜，管理这件事，能够促成很多最伟大的人类成就。它能使我们集聚起数十人、数百人乃至数千人的知识、技能和努力，共同为一个高远的目标而奋斗。"好的管理"是一种高尚的追求——因为它能使我们成为某些比我们自己更伟大的事物的一部分。

最近几十年，世界上一些最优秀、最聪明的人花费了数不清的时间探究管理学的奥秘，比如，是什么因素在发挥作用，而什么因素又是无效的。世界上有超过 1500 所正规学校提供商业管理硕士学位，有近 100 种关于这一学科的专业期刊和报纸，围绕这一主题，每年出版超过3000种新书。这些书中有一些还是相当不错的。

但是谁有时间去读完这些书呢？特别是当你突然被告知明天就要上任，接受成为一名管理者的新挑战时——这种情况并不少见。现在的问题是，对于管理技能，学界已经有了足够的知识和充分的理解，但是我们缺少一种简捷的途径，将这些知识和理解传递给需要它们的人——一群非常忙碌的人。

而这本《给忙碌者的极简管理学》，就是想要填补这一空白。

我从事过30多年的管理工作。但本书仅有一小部分出自我个人的管理经验。在本书中，我也没有想要提出什么新奇的管理理论。相反，我只是想从现有的知识、研究和实践中，提取最精华的部分，将其荟萃一处，加以总结，形成一套简单、清晰而实用的方法。如果你是一位管理新手，或者是一位虽然经验丰富，但正在遭受与迈克尔·斯科特类似的打击而焦虑的管理者，那么本书非常适合你从头到尾地通读。其他人也可以将本书当作一本休闲读物，或者是参考书。本书按照话题分类，回答了管理者们最常提出的问题。而对于那些想要深入研究的读者，就每一个话题，我都提供了一个阅读书目。

为编写此书，我阅读了数十部最优秀的管理学著作，还有大量的文章和论文。我试图将注意力集中在这一领域中被认为最有影响力的作者——像彼得·德鲁克、迈克尔·波特、克莱顿·克里斯坦森、汤姆·彼得斯、加里·哈默、约翰·科特、杰克·韦尔奇、拉里·博西迪等。我也采用（引用）了那些引发了读者广泛共鸣的畅销书——比如，斯宾塞·约翰逊的《谁动了我的奶酪？》，史蒂芬·柯维的《高效能人士的七个习惯》等。

只要有可能，我都会依据"铁证"，而不是坊间传闻或者奇闻逸事。斯坦福大学的杰弗瑞·菲佛（Jeffrey Pfeffer）和罗伯特·萨顿（Robert Sutton）在他们的杰作《管理的真相》（*Hard Facts*）一书中有这样的说法：在做出商业建议时，人们经常不严谨地采用，甚至是滥用了奇闻逸事。"设想你去看医生，他说：'我准备给你做阑尾切除术。'但是，当你问起原因时，医生回答说：'因为我给我的上一个病人做了这个手术，他感觉很不错。'"太多的管理建议都是按照这样的逻辑给出的。

最重要的是，我从《华尔街日报》工作的同事们那里吸收了很多经验和专业知识，他们曾近距离目击了管理领域近几年的很多大戏。对于每一个认真的管理学研究者来说，在这一领域，没有哪家媒体的接触面和权威性能与《华尔街日报》相媲美。

例如，正是借由麦克·米勒（Mike Miller）和劳瑞·海斯（Laurie Hays）的报道，读者们才能了解到几十年来最重要的管理事件：路易斯·郭士纳（Louis Gerstner）带领 IBM 实现了企业转型，使 IBM 从一个员工穿白衬衫上班的保守大型计算机销售企业，成功升级为一个积极进取的现代科技公司。

"IBM 眼下最不需要的就是愿景。"郭士纳这一令人惊讶的名言，开创了一个新的时代，一个"无法实施的战略是没有意义"的时代。而郭士纳说出这句话时，米勒和海斯就在现场。他们目睹了在郭士纳试图改变 IBM 顽固的企业文化时，遭到了怎样的反对，也见证了他是怎样做出决策，放弃了由企业创建者的儿子，令人尊敬的小托马斯·沃森（Thomas Watson Jr.）先生提出的三条"基本信念"。

他们一路观察，郭士纳的改革措施逐渐生效，使这家曾经的明星企业避免滑入深渊，重蹈西屋电气（Westing-House）、美国无线电公司（RCA）和其他一些消失在时间里的伟大公司的覆辙。

IBM 转型是一个成功案例。与此同时，《华尔街日报》的记者们也将目光投向了那些失败的案例。例如"链锯阿尔"邓拉普（Albert J. Dunlap）在家庭用品制造商"阳光"（Sunbeam）公司改革中的惨败。

邓拉普毕业于西点军校，获得过军士军衔，因其受邀加盟遇到经营困境的公司，如斯科特纸业（Scott Paper）和克朗·泽勒巴克公司（Crown Zellerbach），并裁撤了数以千计的员工后，获得了"穿细条纹西装的兰博"（Rambo in Pinstripes）的绰号。他公开宣传只为股东工作——对他的雇员毫无理解和同情，甚至对客户也同样如此。而持股人则给予了他高度的评价，以推高每一家他任职公司的股价，来回报他。

但是，我在《华尔街日报》的同事，包括托马斯·佩金格尔（Thomas Petzinger）、罗伯特·弗兰克（Robert Frank）和乔安·卢布林（Joann Lublin）目睹了邓拉普被自己的自大摧毁的过程。在经营阳光公司期间，他在一部名为《商海无情》的自传中吹嘘自己的成功，并拍摄了一张身挂子弹带并手持手枪的照片。这种自命不凡的姿态完全符合"链锯阿尔"的称号，当然这是关于他自己，跟他任职的公司没有什么关系。

阳光公司的董事会最终发现了这一点，并于1998年6月将其解雇。

在过去这些年，《华尔街日报》刊登过很多类似的案例，从中我们可以学到很多东西。而本书，将努力把这些经验和教训集中呈现给读者。

从"华尔街日报首席执行官委员会"的会员那里，我也得到了其他的指导。这个委员会是一个由成功的大型全球化企业的首席执行官们组成的精英组织。这些首席执行官在走向职场顶峰的过程中，在领导力和管理学方面有诸多心得。我给他们提了一些问题，其中一个是请这个组织的成员推荐一下他们读过的最好的管理学著作，这些建议也包含在了本书中。《华尔街日报》曾就重要的管理学话题，对委员会的很多会员进行了视频采访，在每章的开头位置也摘录了一些采访实录。

预警：这本书里没有什么秘诀式的小花招，也没有什么"一分钟速成法"；没有以动物为主角的寓言；没有稳赚不赔的保证。我在写作中尽可能地做到清楚明白，但同时也努力避免过度简化。

我希望，您在本书中能够发现：经过提纯的经验和智慧。在本书中，你不仅会读到现代管理学的实践，还会接触到当下这个时代最优秀的管理学思想和建议。

接下来，就看您的了。请开始阅读吧。

以下是对本书结构的说明。

第一章——管理学。本章介绍了一些基本概念：什么是管理者，以及近年来工作概念的变化。本章还说明了本书的一个中心理念：在如今的职场中，一个人如果想要成为一名优秀的管理者，那必须同时是一名优秀的领导者。

第二章——领导力。本章介绍了不同的领导风格，以及哪些风格更适用于职场。本章还强调了领导力的一个重要来源，那就是深刻理解怎样才能激励你想要领导的人。

第三章——激励。本章探究了一个基本问题：人为什么工作？对这一问题的答案的认识清晰与否，对能不能成为一个优秀的领导者和管理者十分关键。

第四章——人力资源。本章介绍了怎样建设你的团队：怎样招聘、解雇、考核你的雇员，以及如何保证他们投入地工作。

第五章——战略。本章介绍了管理者重要的责任之一：擘画未来，并构想出实现这一目标的途径。让团队的每个人对于团队的使命，实现愿景采取的战略，以及这一过程中的阶段性目标都有一个清晰的认知，是管理者的职责。

第六章——执行。本章是关于如何让你的愿景、战略和目标落地，应如何安排每一天的工作任务，以及如何让一个组织沿着设计好的路线前行，如何防止组织偏离路线或踌躇不前。本章包含了运作一个高效能组织的要点。

第七章——团队。本章是关于现代组织生活中的核心单元。现代世界的错综复杂，意味着很多的工作任务需要进行跨部门的团队协作。管理者们经常会发现，想要实现自己雄心勃勃的目标，需要的帮助往往并非来自自己的下属，这就需要管理者具有另外一套沟通技巧。本章对其进行了概述。

第八章——变革。本章描述了在快速变化的环境中，经营活动面临的挑战——这是现代管理学中一个绕不过去的课题。本章也对管理学的未来进行了前瞻，探讨了管理学怎样才能适应世界的快速变化。

第九章——财务知识。本章讲述了为保证组织正常运营，管理者需要用到的财务工具。如果一个管理者不能熟练掌握它们，将会深受其害。

第十章——全球化。本章是关于全球化经营的情况下，一个现代管理者面临的独特挑战。

第十一章——商业道德。本章的焦点是，在做好工作本身的同时如何嘉言懿行。

第十二章——自我管理。要把成就自己放在第一位。现在，企业组织已经不再是家长式的了，即使它曾经如此。一个现代管理者要明白自己不会在一个地方工作一辈子，在这种情况下，经营你自己、你的关系网和你的个人品牌变得愈加重要。

所以，加入我们吧。书中的答案也许不像一些快餐管理学建议那样直白，但事实上，也并没有多么复杂。成为一个优秀的管理者，其核心是成为一个高效能的人。你从本书中学到的知识，将使你终生获益。

目　录

给忙碌者的极简管理学
The Wall Street Journal Essential Guide to Management

第一章　管理学

作为一名管理者，有时候会为怎样激励员工而感到焦虑。这种激励者的角色所带来的压力，会让你比真实的你在同样情况下更加乐观。我认为最好还是要实事求是。

当我加入柯达时，我们的胶卷工厂遍布世界，但其中很多都将关门大吉。我去了很多这样的地方，每次在自我介绍之前，我会问大家："如果谁家里有数码相机，劳驾请站起来。"这时候会有百分之四十到五十的人站起来。之后，我才会告诉大家："我是安东尼奥·佩雷斯，是你们的新任管理者。很明显我们遇到了一些问题。如果连我们自己都不买胶卷了，谁还会买呢？"

——安东尼奥·佩雷斯（Antonio Perez）

柯达公司前首席执行官

摘自《华尔街日报》"领导力课堂"系列视频访谈

什么是"管理者"？

用最简单的话来说：管理者，就是组织一群人去实现一个目标的人。这一角色，自人类诞生之日起就已存在。而随着人类社会日趋复杂，管理者的工作也愈加不可或缺。

事实上，如果没有管理者，人类的生活状态是难以想象的。因为虽然人类社会的众多伟大创新都源自天才的个体，但将它们转化成为惠及普罗大众的产品和服务，却有赖于"管理学"发挥作用。没有"管理学"，人类社会或许还停留在石器时代。

作为一门理论学科，"管理学"还相对年轻。弗雷德里克·温斯洛·泰勒（Frederick Winslow Taylor）一般被认为是管理学研究的奠基人。在其 1911 年出版的《科学管理原理》（*The Principles of Scientific Management*）一书中，他将"管理者"描述为"组织者"：他们负责安排大规模机械化生产；他们的全部任务就是提高生产效率和产量，在工人获得他们最想要的"高工资"的同时，让工厂主们得到最想要的"低人工成本"。对他来说，"管理学研究"就是手持秒表站在一个车间中，记录工人每个动作所用时间，然后设计出一套方法，消除所有"错误动作、缓慢动作和无效动作"。而之后追随他的数代管理者，目标也始终如一：优化工厂和车间的工作组织，使同等数量的工人在相同的时间内，生产出更多产品。

但在第二次世界大战之后，工作的性质发生了改变。彼得·德鲁克第一个清晰地描述了这一变化。彼得·德鲁克出生于奥地利维也纳，年轻时学习过经济学，做过多年记者。在研究过程中，他顿悟般地认识到："经济学家的兴趣所在是商品的运行，而我则对人的行为更加着迷。"因为人的行为方式与商品的运行机制完全不同，所以不管是经济学理论，还是管理学理论，如果将人视作大型工业机器中可以等量替代的投入单元，那么这一理论从根本上就存在缺陷。

这一"顿悟"，成为现代管理学的基础。

1959年，德鲁克第一次使用了"知识工人"一词，代指那些主要工作内容涉及信息和知识应用的劳动者，用以与体力劳动者相区分。"知识工人"对于企业的贡献值是不能用秒表和考勤卡衡量的。任何程度的监督都无法催生和控制这一贡献值，而基于劳动时间的报酬也不能对"知识工人"起到激励作用。

根据泰勒的理论，管理有四个要素：计划、组织、指导、监控。而根据德鲁克的理论，激励有才能的"知识工人"做到最好成为更大的挑战。他将管理者的工作分成五个部分：

设立目标——管理者负责制定一个团队的总体目标，为团队中的每个成员设立各自的小目标；并确定为实现这些目标，需要做什么工作。

组织——管理者要将整体工作划分成可以实现的子任务，并决定各个部分由谁来负责。

激励和沟通——管理者应将个体团结成为一个集体，使大家为了一个共同的目标无间合作，共同努力。

考评——管理者应设立考核指标和考评标准，并认定员工是否完成了指标。

最后一条是，管理者要培养人。根据德鲁克的理论，人不是可以互换的零件；他们都是独特的个体，为使组织达到最佳状态，必须对每个人进行培训和开发。

德鲁克对于员工激励的深刻见解，是现代管理学研究的基础，也是本书中最重要的核心理论：在当下这个时代，想要成为一个优秀的管理者，必须要善于领导他人。

德鲁克从他的观察中，得出了这样的结论："你不是在'管理'人。管理工作实际是在引领或者说是领导他人。"管理者必须学会激励他人。只向员工发号施令是不够的，管理者必须给予下属更多的东西——他得给他们以目标。

这段话具体是什么意思呢？沃伦·本尼斯（Warren Bennis）在其 1989 年出版的著作《成为领导者》（*On Becoming A Leader*）中，就管理者与领导者的区别，列出了一个长长的单子。其中包括：

- 管理者执行，领导者革新；

- 管理者关注体系和结构，领导者关注人本身；

- 管理者依赖于控制，领导者激发互信；

- 管理者短视，领导者前瞻；

- 管理者问"怎么办"和"何时"，领导者问"是什么"和"为什么"；

- 管理者关注底线，领导者的目光投向地平线；

- 管理者模仿，领导者原创；

- 管理者接受现状，领导者挑战现状；

- 管理者是一个经典的好士兵，领导者永远是他自己；

- 管理者将事情做对，领导者做对的事。

现代管理者面临的挑战——以及成为一个现代管理者变成一个挑战的原因——就是你必须承担上面提到的所有责任。组织如果想要达到最佳状态，管理者就得既是管理者又要是革新者；既要关注体系和结构，也要关注员工本身；既要实施控制，又要培育互信；既要关注短期目标，也要关注长远发展。在当今时代，想要成为一个成功的管理者，必须要准备好去问以下四个问题："如何做""何时""何物"和"为何做"。你不仅要低头关注底线，还要眺望远方的地平线。你会被大家期待，不仅要服从指导，还要在需要的时候对现实发起挑战。不仅将事情做好是你的责任，还要保证你和你的组织正在做正确的事情。这真是一项可怕的任务。但本书将会告诉你，这些都是必要的。缺乏领导力的管理行为，必然会导致失败。

另外，抛开具体的管理行为谈领导力，也将会是一场灾难。很多管理者之所以失败，就是因为他们为组织设立了一个雄心勃勃的愿景，但却指望其他人去具体实现它。

"我特别支持做梦，"关于这一话题，斯坦福大学教授罗伯特·萨顿在他的一篇博文里写道，"很多最不可能和最让人印象深刻的事物都是梦想家做出来的。但是我认为成功的梦想家有一个特点——比如弗朗西斯·福特·科波拉（Francis Ford Coppola）、史蒂夫·乔布斯（Steve Jobs）——他们同样对他们身处的行业和他们麾下的员工有十分深刻的理解，并且他们一般都会不厌其烦地关注细节问题。"这种在宏伟蓝图和细节之间自由切换的能力，在很多我所敬仰的领导者身上也有所体现。施乐（Xerox）前首席执行官安妮·马尔卡西（Anne Mulcahy）、美敦力（Medtronic）前首席执行官比尔·乔治（Bill George）和惠普（Hewlett-Packard）的前首席执行官马克·赫德（Mark Hurd）都是这样的人。

这些基本事实，不仅适用于像乔布斯、马尔卡西和赫德这样声名卓著的大公司的首席执行官，它们同样适用于那些数以百万计的组成了大型组织中坚力量的中层管理人员。

根据美国人口普查资料（U.S. Census）的分类，美国劳动人口中的大约8%——也就是大约1200万人——是"管理层"。其他的研究则发现，当今美国的劳动力中有将近十五分之一，即接近3000万人的主要工作内容包含监督他人工作。这些人是当今各种组织的核心。中层管理者，以各种方式出现在组织的成功故事中。但是，随着组织形式愈加复杂、信息技术不断发展、世界变化的速度不断加快，从前的层级管理结构已经不再适用。在必要的情况下，甚至决策都不再集中在组织的最高层。决策的权力已经在组织中下移——到了中层管理者手中。

中层管理者，他们的命运当然也不掌握在自己的手中。不像乔布斯、马尔卡西和赫德那样的首席执行官，他们必须按照别人为他们设定的日程行事。他们也许肩负着重大的责任，但在工作中并没有太多的自由空间。他们的工作经常是烦琐而令人沮丧的。

十年前，《华尔街日报》的乔纳森·考夫曼（Jonathan Kaufman），通过跟踪采访一位名叫理查德·希伯特（Richard Thibeault）的欧邦盼烘焙餐厅（Au Bon Pain Bakery Café）经理，揭示了当今中层管理者所面对的挑战。这位时年46岁的希伯特先生，之前在工厂里做过工人，一直以为做经理的生活还跟他刚出生的时代一样——坐在一张写字台后面，朝九晚五，受人尊敬。

然而，他发现自己必须得每天凌晨3点起床，烤玛芬蛋糕、准备汤品，并且为店里的营业额下降而担忧。不像在工厂工作时有固定上下班时间，现在他每周要工作70个小时。他的工作要承担众多责任，却没有什么权力。为达到公司要求的成本缩减目标，他可以解雇员工，却不被允许通过降低产品定价来吸引更多顾客。

"有时候，我在想也许我应该回到工厂去工作。"他对考夫曼说，"在那儿工作还要轻松些。"

尽管感到沮丧，但在现在正常运行的组织中，中层管理者经常会发现他们被赋予的责任多到让人吃惊。他们可能会发现，自己带领着一个团队，不仅要听从指令，还要解决棘手的问题或者开发新产品。他们会被要求创新，或改变现状。他们会被要求运用自己的判断力，不仅把事情做好，还要确保整个组织在做正确的事。

在工作中，当代管理者经常发现，他们从事的项目中包括了那些并不直接向他们汇报的人。在这样的情况下，直接发出命令或者采用军事化的管理并不会奏效。中层管理者们甚至比雇用他们的首席执行官们更需要学会在没有明确的权力的情况下如何运用影响力。

换句话说，他们必须通过学习成为领导者——这也是我们下一章的内容。

本章要点：

- 优秀的管理者必须同时是优秀的领导者。
- 当代管理者不仅要回答"如何做""何时做"的问题，还要回答"何物"和"为何"的问题。
- 优秀的管理者不能仅简单地接受现实，还要有向现实发起挑战的意愿。

延伸阅读：

《科学管理原理》（*The Principles of Scientific Management*），弗雷德里克·温斯洛·泰勒著。

本书于 1911 年首次发行，2007 年由新景出版公司（NuVision Publications）再版。推荐此书纯粹出于追溯历史的原因，从中你可以了解到管理学研究早期的情况。

《管理学》（*Management*），彼得·德鲁克著。

哈珀柯林斯出版集团（Harper Collins Publishers），1973 年出版，2008 年修订再版。从中可以看到，随着时代发展，德鲁克对于管理学的洞察得到了验证。这本书厚达 500 多页，殊不易读。但是，从中你可以发现很多后来的管理学专家的"新发现"。

《成为领导者》（*On Becoming A Leader*），沃伦·本尼斯著。

本书于1989年首次发行，基础书籍书社（Basic Books）于2003年出版了修订版。本尼斯是第一位在著作中提到"领导力"的学者，而在这方面他至今仍是最好的专家。

《人到中层》（*The Truth About Middle Managers*），保罗·奥斯特曼（Paul Osterman）著。

哈佛商业评论出版社（Harvard Business Review Press），2009年出版。奥斯特曼写作此书，是为了扭转其他经济学家只关注大公司首席执行官所面对的挑战的趋势，因为这些首席执行官仅仅是全世界管理者中不具代表性的少数。

《管理学随机行为：一本工具书》（*Random Acts of Management: A Dilbert Book*），斯科特·亚当斯（Scott Adams）著。

安德鲁·麦克米尔出版公司（Andrews McMeel Publishing），2000年出版。所有的管理者都应该读一读这本书，书中对管理者不应该做什么进行了有趣的指导。

给忙碌者的极简管理学
The Wall Street Journal Essential Guide to Management

第二章　领导力

我曾经是（美国）后备军官训练队的一员。有一天轮到我管理一个编队，当天训练结束的时候，少校长官对我说："学员莫里斯，你们今天表现很好。"于是，我转过身对队员们说："先生们，我们今天的表现很出色。"这时少校转过身来说："不，我们没有说很出色，我说的是你们今天表现很好。"

他是我见过的最严厉的人，他对人的期望之高令人难以置信。当我们相处时间长了之后，他变得柔和了很多。我从他那儿学到的是，在一开始绝对不要太柔和，之后再变得严厉。但是你可以永远做一个高要求的领导者，然后随着时间推移，把工作方法变得柔和一些。

——迈克尔·莫里斯（Michael Morris）

美国电力公司前首席执行官

摘自《华尔街日报》"领导力课堂"系列视频访谈

说到历史上那些伟大的领导者，你会想到谁呢？

第一个从你脑海中浮现的会是乔治·巴顿（George Patton）将军吗？那位曾经发布命令掌掴一名住院治疗伤员的性格直率的军事将领。或者，你想到的是亚伯拉罕·林肯（Abraham Lincoln）？那位沉静、多思、被自己心中的疑惑折磨得几乎患上精神病的总统。

古罗马独裁者尤里乌斯·恺撒（Julius Caesar）是你的偶像吗？还是拥有无限求知欲的苏格拉底（Socrates）才是？你想成为第二个"链锯阿尔"邓拉普（Albert J. Dulap）吗？或者你会想到谦逊的山姆·沃尔顿（Sam Walton，沃尔玛公司的创办人）？

由此可见，领导者的体型、个头和风格各不相同。而领导者也是社会构造中不可缺少的一部分。是他们为我们的生命指明了方向，赋予了意义。"一个新的领导者，"沃伦·本尼斯写道，"能够让一个没有梦想、没有灵魂、没有愿景的组织彻底改变。"

他们可以以不同的方式实现这一结果。但在这儿我们需要问一个问题：是不是有一些方式要优于其他方式呢？领导一个组织有

"唯一正确"的方法吗？

多年来，众多商学院都对这个问题视而不见。这一问题似乎过于柔和与脆弱了——它根植于人类的情感世界，不可测量、不可量化，也无法以科学的方法去判断。学生们在商学院学习分析财务报表，但如果他们想要学习如何获得领导力，那他们得到其他地方去。当我们问时代华纳（Time Warner）的首席执行官杰夫·比克斯（Jeff Bewkes），在他读过的管理学著作中哪本对他影响最大时，他没有提到商业书籍，而是推荐了詹姆斯·弗莱克斯纳（James Flexner）所著的四卷本《乔治·华盛顿传》（*George Washington: 4 Volume Set*）。对于同一个问题，翰威特咨询公司（Hewitt Associates）的首席执行官罗素·弗雷丁（Russell P. Fradin）则推荐了多丽丝·科恩斯·古德温（Doris Kearns Goodwin）关于亚伯拉罕·林肯的著作《林肯与劲敌幕僚》（*Team of Rivals: The Political Genius of Abraham Lincoln*）。

不过，商学院现在已经醒悟过来，终于认识到领导力的基本原理十分重要，是不能忽略的。他们应对挑战，重新安排课程，将领导力的内容纳入其中。从各个商学院和作者在《华尔街日报》的同事们的研究成果中，可以初步看到成功的领导者所共同具有的一些特质。

当然，在这一领域进行概括是很困难的一件事。因为几乎对于每条规则，都有明显的例外情况。但如果非要说，从对领导力最优秀的研究中发现了哪怕一个可以称为定论的成果，那就是：伟大的领导者同时展现出自大和谦虚两种矛盾的特质。

领导者必须足够自大，相信自己值得被跟随；但同时也要足够谦虚，明白其他人对于团队的前进方向有比自己更好的判断。他们必须足够自信，才能激发他人的信心，并对在前行之路上必然会出现的问题和疑惑保持开放的态度。他们必须要信任自己，但是也不会将自己的需求凌驾于组织需求之上。

当今的领导者们常常是因为不够谦虚而失败的。例如，前文提到的"链锯阿尔"邓拉普。很明显，他对自己个人形象的兴趣，远远高于他所运营公司的成功。或者，想一想卡莉·菲奥莉娜（Carly Fiorina），她在担任惠普公司的首席执行官时，曾经将她自己的照片挂在墙上，安置在公司偶像创始人休利特（William Redington Hewlett）和帕卡德（David Packard）的照片之间。菲奥莉娜女士在惠普公司的失败，一部分原因被归咎为她花费了过多时间来营造自己的形象，在解决公司内部管理问题上花的时间却太少。

吉姆·柯林斯（Jim Collins）的《从优秀到卓越》（*Good To Great*）是近些年最有影响力的商业类图书之一，好几位"华尔街日报首席执行官委员会"的成员认为这本书是他们读过的最好的管理学著作。蒂姆肯公司（The Timken Company）的首席执行官詹姆斯·格林菲斯（James Griffith）告诉我们："几年前，我带着女儿去书店时买了一本。很快我找到一把舒服的椅子坐下开始读起来，而它也成为我一直很喜欢的商业类书籍。"

柯林斯在领导力方面的发现之所以如此令人信服，部分是因为它们出人意料。柯林斯和他的团队发起了一个庞大的研究计划，仔细观察了 1435 家公司，最终只认定其中 11 家公司实现了从优秀到卓越的跃迁，并保持卓越超过 15 年。通过与作为对照组的公司进行比对，他们希望能够找到是什么让这些公司变得与众不同。

在项目运行早期，柯林斯尚且倾向于相信领导力的重要性被高估了，他甚至要求他的团队"别管那些执行官"。但是他说，团队一直在拒绝他的提议，因为他们发现那些实现了"从优秀到卓越"的公司，在领导者方面始终有些不同寻常的地方。

"当我们发现了引导企业'从优秀到卓越'的领导者类型时，我们感到很惊讶，实际上是很震惊，"柯林斯写道，"与领导者中那些个性鲜明、引人注目，总是出现在报纸头条的业界名流相比，这些引导企业'从优秀到卓越'的领导者仿佛是来自火星。他们不愿引人注目，温和、缄默，甚至有点害羞——身上兼具了谦虚的个性和职业上的决心两种矛盾的特性。他们更像是林肯和苏格拉底，而不是巴顿或恺撒。"

柯林斯是在 20 世纪 90 年代晚期进行的研究——当时，正是首席执行官们薪水猛涨，被媒体界猛烈吹捧的时代。十年间，有三个首席执行官被《时代周刊》评为"年度人物"。首席执行官被视为救世主——经常是从外界空降，以挽救一家正在走向毁灭的公司。

但是，柯林斯在书中提到的那些引领企业"从优秀到卓越"的首席执行官们，你可能从来没有听说过——比如达尔文·史密斯（Darwin Smith），从 1971 年开始执掌金佰利·克拉克纸业公司（Kimberly-Clark）；再比如科尔曼·默克勒（Colman Mockler），于1975年到1991年间担任吉列公司（Gillette）的首席执行官。他们中的大部分是从公司内部成长起来的，而不是来自外界。极为谦逊是他们共同的特点——而且都更愿意使用代词"我们"，而不是"我"。

这些被柯林斯评为"第五级"的领导者，"将他们的自我抽离，融入建设一家卓越公司的大目标中。并不是说第五级领导者没有自我或者没有私心。实际上，他们拥有难以置信的雄心——但他们的雄心首先是关于企业的运营机制，而不是他们自己"。柯林斯发现，第五级领导者们都创造了一个在他们离职后仍然能够持续成长的机制。而在对照组的公司中，领导者"更加关心自己个人'卓越'的名声"，常常无法帮企业实现成功代际传承。

研究显示，成功的继任者计划是一个卓越的领导者身上最易看到的特征。通用电气（General Electric）的前首席执行官杰克·韦尔奇（Jack Welch），因为建立了一个在他退休后随时可以接任首席执行官职务的领导者花名册而著称于世。但是，其他的首席执行官们，则不愿意为了他们离开之后组织的生存问题而思考。表面上看起来也很伟大的领导者，比如花旗集团（Citigroup）的前首席执行官桑迪·威尔（Sandy Weill）和美国国际集团（American International Group）的前首席执行官汉克·格林伯格（Hank Greenberg），离职后却留下了领导力薄弱的烂摊子，最终对组织造成了危害。

当然，只有谦虚是不足以成为一个卓越的领导者的。坚定的决心也同样重要——以一种宗教般的决心，完成使组织变得卓越所需的任何任务。而在追求目标的过程中，这种决心常常伴随着坚韧和冷酷。

例如，埃克森美孚（ExxonMobil）的前首席执行官李·雷蒙德（Lee Raymond）。他非常腼腆，在私人事务方面如隐身人一般。《华尔街日报》人物评论注意到，在他在为埃克森·瓦尔迪兹石油泄漏事故（Exxon Valdez Oil Spill）案件审理作证时，当被问及个人背景，对此他回应说："我希望我的背景介绍不会让大家太无聊，反正我是觉得有点。"他出身于南达科他州一个名叫水镇的小城，父亲是一位铁路工程师，他从10岁开始帮助打理家中的农场，大学学的化学工程，在明尼苏达州立大学获得了博士学位，之后加入美孚工作至今。

他又高又胖，还是兔唇，明显不是领导者的好人选。但是他的决心和毅力让人印象极为深刻，所以在公司中上升得很快。

作为首席执行官，雷蒙德一直不愿意出现在行业内的公众场合。他很少发表演讲，甚至很少会见外界人士。但他在淘汰冗余的管理层人员方面却显得冷酷无情。他关注盈利能力，使埃克森美孚成为世界上最赚钱的石油公司。

雷富礼（A. G. Lafley）是宝洁（Procter & Gamble）的前首席执行官。他的性格也融合了自大和谦逊这两种矛盾的品质，可作一例。雷富礼刚刚上任时，宝洁的公司文化因为过于保守而遭到批评。

他以一己之力改变了这种文化，其中一部分是坚持要求公司的执行官花更多的时间与客户在一起。雷富礼自己每年要拜访客户10到15次，考察女性客户从洗衣服到上妆等各种活动细节。

《华尔街日报》的记者萨拉·艾莉森（Sarah Ellison）曾陪同雷富礼前往委内瑞拉探访客户——29岁的玛利亚·尤兰达·里奥斯（Maria Yolanda Rios）。他坐在狭窄的厨房里，听玛利亚说她多长时间洗一次头发，用什么样的身体乳，是不是用指甲油。但是，当请她将自己的美容用品拿到厨房时，她带过来了31瓶乳霜、乳液、洗发水和香水。

"这（护肤美容）是她的娱乐活动，"雷富礼说，"我们需要记住这一点。"

在使得公司越来越开放的同时，雷富礼同时还遏制住了公司的标志性消费品制作者减少的趋势。

雷蒙德和雷富礼是那种始终为了他们的组织，而不是为了他们自己而努力工作的领导者的典型代表。两个人都雄心勃勃，但他们的雄心不仅是为了他们自己的职业生涯，更是为了公司的发展。

其他一些企业领导者更倾向于将个人利益放在组织利益之上——当然也会自食其果。例如，2000年，《华尔街日报》就曾描摹了为获得首席执行官职位不断攀爬努力的约瑟夫·加利（Joseph Galli）的焦虑。

加利在百得公司（Black & Decker Corporation）工作了19年之久，逐渐成为公司的第二号人物，但因为在竞争公司的第一把交椅时失败，不得不离开了公司。他收到了两家公司的职位邀约，一家是百事（Pepsilo），请他负责菲多利（Frito-Lay）业务，另外一家是亚马逊（Amazon），请他担任公司副职。多次权衡之后，他在最后时限到来之前，拒绝了百事。但是他在亚马逊的任期也只维持了13个月。因为他不顾员工任期未满就解雇员工，被认为是破坏了公司的"家庭氛围"。

与雷蒙德和雷富礼一样，加利也是一个强硬的推进者。但是与他们不同的是，可以看到加利是在为自己的目标而努力，而不是带领组织向共同的目标迈进。在经过一年的失业和反思之后，加利获得了一个自我救赎的机会，担任了总部位于香港的制造企业创科实业有限公司（Techtronic Industries Company Limited）的首席执行官。

谦逊和决心是卓越领导力的根基，但是，它们也只是根基而已。从事这项复杂的工作，需要的东西还有很多。在早前的一本商业经典《追求卓越》（*In Search of Excellence*）中，作者托马斯·彼得斯（Thomas Peters）和小罗伯特·沃特曼（Robert Waterman Jr.）曾用一段话总结领导者所需要承担的众多责任。这段话非常值得仔细地读一读。

领导力意味着很多东西。它是耐心地，甚至经常是无聊地建立联盟的过程。它是有目的地播下阴谋的菌种，希望能在组织内部引起适度的发酵。它是用管理系统中的平凡语言，精心转移机构的焦点。它是对议程的调整，以使新的优先事项得到足够的关注。它是事情变糟时让警铃及时响起，一切顺利时又静默无声。它是建立一个总是同声同气的团结的高层团队。它是总在认真倾听的耳朵，总在鼓励他人的嘴，总在践行话语的行动。它是必要时的强硬，偶尔还是纯粹地以权压人。——或者，如亨利·基辛格（Henry Kissinger）曾经说过的那样："悄然积累细微的差别，每件事都做得更好一点。"

领导力风格

现在，你应该已经开始理解，为什么商业培训人员感到教授领导力课程是如此艰难了。领导力是一个宏大的、模糊的、无定式的课题。我们可以详尽地描述那些卓越的领导者，但实际上，我们还是不知道如何能够成为那样的人。

从领导力风格着手，是一个不错选择。丹尼尔·戈尔曼（Daniel Goleman）以"情商"的概念而闻名于世，他总结了领导者用来激励他人的六种不同的行事风格。我认为这六种风格并不是互相排斥的，所以也意味着并不需要采纳其中一种，就要放弃其他五种。实际上，最优秀的领导者会在几种风格之间来回切换，根据情况的需要采用不同的方法。你应该把它们都纳入你的管理技能库里去。

愿景型（visionary）。当一个组织正在寻求新的发展方向时，这种风格最受欢迎。这种领导力的目标是驱动大家向着新的共同梦想前进。"愿景型的领导者会让员工了解团队的最终目标，而并不规定实现目标的具体方法——放手让员工去创新、去试验、合理冒险。"戈尔曼这样写道。

辅导型（coaching）。这种一对一的领导力风格，关注于人才的发展，教他们如何提升自己的业绩，帮助他们将自己的个人目标与组织的大目标统一起来。辅导型的领导力风格适用于那些显示出首创精神并有志于在职业上进一步发展的员工。但是，如果员工认为自己被管得太细，这种辅导可能会适得其反，并可能会摧毁员工的自信心。

亲和型（affiliative）。这种风格强调团队合作的重要性，以及通过建立人与人之间的连接，创造团队内部的和谐氛围。在团队需要提升和谐度、提振士气、增进沟通、修复信任关系时，这种风格尤为可贵。但这种风格也不是万能的，一味进行表扬会使糟糕的表现无法得到纠正，员工会认为平庸的表现也可以被接受。

民主型（democratic）。这种风格鼓励员工发挥知识和技能，创造一种团队共同认可的目标。这种风格适用于当组织的发展方向不是十分明确，领导者需要利用团队集体智慧的情况。但这种由集体达成共识的方法在组织面临危机的时刻可能会造成灾难性后果，毕竟紧急事件需要快速的决策。

标杆型（pacesetting）。这种风格的领导者倾向于给员工的表现设立很高的标准。他们自身过分追求更好、更快，并以此要求所有人。戈尔曼警告说，这种风格应该谨慎使用，因为它很可能会打击士气，让员工感到挫败。"我们的调查数据显示，标杆型领导往往会损害团队氛围。"戈尔曼在书中说。

命令型（commanding）。这是一种经典的"军队"式领导类型——可能是最常用的一种，也是最为低效的一种。因为这种类型的领导者少表扬、多苛责，对员工士气和工作满意度破坏很大。然而，在危机中需要采取紧急行动时，这是一种有效的方法。

请注意，上文中区别不同类型领导力的依据，不是领导者的性格特征，而是被领导者的情况和需求。正如詹姆斯·麦格雷戈·伯恩斯（James MacGregor Burns）在他 1978 年出版的具有开创意义的著作《领袖》（*Leadership*）一书里所说的："只有当有着特定动机和目的的人，在与他人的竞争或冲突中，动用机构、政治、心理以及其他各方面资源激发、整合、满足被领导者们的动机时，对人类的领导力才能发挥效用。"

他写道："领导力并不是赤裸裸地炫耀权力，它与被领导者的需求和渴望是密不可分的。"

换句话说，一个好的领导者，必须要弄清楚什么才能激励他想要领导的人——这就是我们下一章的主题。

危机中的领导者

危急时刻是对领导力的终极考验。因为当规则突然间改变，大部分人都会茫然失措。人们比任何时候都希望有人能带他们走出困境。

2009年3月，当全球金融危机严重冲击世界经济时，商业大师比尔·乔治（Bill George）在《华尔街日报》上发表了一篇文章，为商业领导者们提供了应对危机的"七条规则"。乔治是美敦力公司的前首席执行官，现在哈佛商学院任教。他同时在埃克森美孚、高盛（Goldman Sachs）和诺华制药（Novartis）董事会任职，并写下了近几十年来最受欢迎的商业著作《真北》（*True North*）。他给出的"七条规则"是：

- 领导者必须面对现实。在本书中，你会不断地看到这句话，但是在危机时刻这一原则最为重要，当现实情况还在急转直下，人们总是倾向于希望最坏的时刻已经过去了。乔治写道："认清现实要从负责人开始。试图找到捷径，仅仅医治危机的表面症状，只会使组织再次陷入同样的困境。"

- 不管情况多糟糕，它们都会变得更糟。

- 储备大量资金。对于企业领导者，为最坏的情况做准备意味着你必须有足够的资金在悲惨的环境中幸存下来。

- 不要独自承担。在危机中，很多领导人倾向于自己面对和解决所有问题。乔治建议："在这样的时刻，你比其他任何时候都需要手下最优秀的人的帮助。让他们成为你信心的一部分，听取他们的建议，与他们一起共同面对未来痛苦的改变。"

- 在要求其他人牺牲之前，先奉献你自己。如果需要做出牺牲，领导者"应站出来，表明自己愿做最大的牺牲"。在危机中，大家都在互相观望。

- 不要浪费危机。白宫人事主管拉姆·伊曼纽尔（Rahm Emanuel）在《华尔街日报》首席执行官委员会的讲话中强调了这句话。乔治认为其源自以色列领导人本杰明·内塔尼亚胡（Benjamin Netanyahu）。很多领导者都发现了这一真相：危机也意味着机会，在常态时不可能采用的强硬措施可能会为你赢得更广泛的支持。

- 在市场上保持进取。危机也意味着机会。当其他人丧失了勇气的时候，正是一个优秀的领导者把握时机、推销产品的机会。

- 卓越的领导者，其个性融合了谦逊和自大两种矛盾的特征，他们更像是林肯和苏格拉底，而不是巴顿或恺撒。
- 好的继任者计划是卓越领导者的重要特征，这表明他们将组织的成功放在个人成功之前。
- "命令型"的领导力风格，批评太多、表扬太少，虽然最常见但效果却最差，甚至军队都不再适用了。

延伸阅读：

《从优秀到卓越》（*Good to Great*），吉姆·柯林斯著。

哈珀柯林斯出版集团（Harper Collins Publishers），2001年出版。本书是一部名副其实的商业类经典图书，对那些表现出持续卓越的公司所具有的共性进行了分析。

《基本领导力》（*Primal Leadership*），丹尼尔·戈尔曼著。

哈佛商业评论出版社（Harvard Business Review Press），2002年出版。作者以提出"情商"一词著称于世，他在本书中帮助商业界人士弄清楚了怎样才能真正地激励他人。

《领袖》(*Leadership*)，詹姆斯·麦格雷戈·伯恩斯著。

哈珀与罗出版社（Harper & Row），1978 年出版。本书是关于领导力的经典名作，至今仍值得阅读。

《反击：伟大的领导者在遭遇职业危机后如何反弹》(*Firing Back: How Great Leaders Rebound after Career Disasters*)，杰弗里·索南菲尔德（Jeffrey Sonnenfeld）和安德鲁·沃德（Andrew Ward）著。

哈佛商业评论出版社（Harvard Business Review Press），2007 年出版。本书展现了一些有名的商业领导者从职业低谷中重整旗鼓的故事。

给忙碌者的极简管理学
The Wall Street Journal Essential Guide to Management

第三章 激 励

回想雷曼兄弟崩溃、债务市场冻结的时刻，真的是非常恐慌。

拿破仑曾说过，领袖的角色就是要认清现实、给予希望。在危机时刻，你得看得清现实，你得弄明白来龙去脉。但是你不能说，看，大楼着火了，但是我出不去。你要说的是："这里有出路。我们可能得一层楼一层楼走下去，但是你要让人了解你正取得的进展，而且只要你对危机的情况和结果有现实的认知，他们就会对你有信心。

——肯尼斯·谢诺尔特（Kenneth Chenault）

美国运通公司前首席执行官

摘自《华尔街日报》"领导力课堂"系列视频访谈

想成为一名卓越的领导者，你必须了解你的追随者们。什么可以激励他们？他们渴望什么？他们害怕什么？什么可以让他们心甘情愿地工作？你如何才能让他们为了事业全力以赴？

这就需要回到管理学研究中最基础的问题上：人们为什么而工作？从你的答案中大致可以看出你的管理风格。

一个世纪之前，弗雷德里克·温斯洛·泰勒用最简洁的话语回答了这个问题：人们想要高薪。他们工作是因为不得不去赚钱谋生。如果他们不需要工作，那他们就不会去。

但人们工作真的是因为不得不这样做吗？他们工作的主要目的是赚钱，或者说是满足自己的基本需求吗？我们都认识一些完全不需要工作却全心全意地投入工作中的人。志愿者比支薪的人工作更卖力，拿着"一美元年薪"的执行官夙夜工作，这都是我们熟悉的情况。对于我们中的大部分人来说，只需要稍稍反思一下，就会发现"我们不得不"或者"为了钱"至多仅能部分地回答"为什么我们要工作"这一复杂的问题。

道格拉斯·麦格雷戈（Douglas McGregor）在他1960年出版的具有突破性的著作《企业的人性面》（*The Human Side of Enterprise*）中对这一问题进行了探索。麦格雷戈是麻省理工学院斯隆商学院建校时的元老之一。斯隆商学院是以阿尔弗雷德·斯隆（Alfred. P. Sloan）的姓氏命名的，他在1920年至1930年间，担任通用汽车的经营者。斯隆在很多方面继承了弗雷德里克·温斯洛·泰勒科学管理学派的衣钵。但是，具有讽刺意味的是，麦格雷戈的研究却正是致力于推翻斯隆和泰勒所拥护的"命令和控制"管理学。

　　麦格雷戈认为，在一个管理者决策和行动背后，都有一系列对人类行为的假设。当时的大部分管理者似乎都对X理论（Theory X）十分认同，这一理论中的假设包括：

- 普通人天生厌恶工作，在可能的情况下会尽量避免工作。
- 因为这种厌恶工作的天性，大部人必须在以惩罚为基础的强迫、控制、指导和威胁下，才会付出足够的努力实现组织的目标。
- 普通人愿意选择被指导，希望可以逃避责任，没有野心，安全感是他们的第一需求。

　　但是，麦格雷戈提出了Y理论（Theory Y），提供了另外一个选项。Y理论的假设基础为：

- 人在工作中消耗的体力和脑力，与在游戏或休息状态时消耗的体力和脑力没有区别。

- 以惩罚为基础的外部控制和威胁并不是让人为了实现组织目标而付出努力的唯一途径。为了实现自己承诺的目标，人们可以进行自我指导和自我控制。

- 对目标的承诺，在与他们的成就相关联时具有一种报酬的功能。

- 在适当的条件下，普通人不仅能学会接受责任，还会主动承担责任。

- 在解决组织的问题时，所运用的相对高水平的想象力、创造力，广泛地而不是狭窄地分布在人群之中。

- 在现代工业化生活的条件下，普通人的智慧潜力只开发了一部分。

这六个假设中蕴含着现代管理学的根基。麦格雷戈说，目标的作用不再是简单地用来指导和控制那些一旦离开自己的机器就不想工作的雇员。目标的作用是创造一种情境，让他们想要付出自己最大的努力。那些实现了自我指导和自我控制的雇员在追求共同目标时，比起那些身处在专门设计用来强迫他们完成他们根本就不明白也不认同的目标的控制体系下的工人，无论是效率还是生产力，都要好得多。如果你让人承担责任，他们一般都会乐于接受挑战。释放雇员们的想象力、独创能力和创造能力，将会让他们对企业的贡献成倍地增长。

很简单，但也很有力量。麦格雷戈的著作出版半个世纪以来，这个世界经历了一个前所未有的创新和繁荣时期，而这一切，跟那种限制工人自我激励的组织管理体系毫无关系。麦格雷戈的真知灼见是管理学革命的基石，这场革命完全改变了世界运行的方式。

但讽刺的是——或者说悲哀的是——在麦格雷戈的著作发表五十年后，我们仍然能够很轻易地发现还有管理者依据 X 理论的假设在工作——他们相信恐惧和控制是比激情和责任感更有效的管理工具。这也证明了，管理学知识走进职场是多么缓慢而艰难——这就是菲佛和萨顿所说的"知行差距"（knowing-doing gap），即我们知道什么是对的，但我们并不一定这么做。

与仍然信奉 X 理论的管理者一样，那些错误地应用了 Y 理论的管理者同样让人苦恼。电视剧《办公室》里的迈克尔·斯科特是个跟得上时代的人，他也时常公开表示，管理是"关于人"的学问。他试图建立一种"柔和"的环境，充满了赞扬，鼓舞士气是每天必做的事。但他创造的环境中，缺失了对于远大目标的责任感，纵容了庸才。

对麦格雷戈的 Y 理论的错误应用，会让人陷入死胡同之中，就像呆伯特漫画[①]中的对话一样：

---

① 斯科特·亚当斯创作的系列漫画，以作者自身办公室经历与读者来信为基础的讽刺职场现实的作品。——译者注

沃　　利：我觉得相当受挫，我干得好的时候你从来不表
　　　　　扬我。

尖头老板：你从来也没干得很好过。

沃　　利：那是因为我感觉到很挫败。

尖头老板：那你先走吧。

沃　　利：那我不就成了头头了吗？

　　本书将会说明，好的管理既要尊重个体和他们的能力，也要尊重他们对真实、责任、美德的坚守。最终说来，X 理论和 Y 理论也并不是互斥的。大部分人有能力且能做到自我指导，但仍然需要一定程度的引导和监督。卓越的领导者知道如何鼓励个人发挥责任感和主动性，同时也会有效利用考核标准和控制手段。

　　这听起来可能有点自相矛盾，但实际上并没有。在管理实践中，最大的错误就是走向某个极端。一个完全依赖于严格的制度、持续的监督和复杂的考核制度体系管理员工的领导者，很可能会发现员工们起初只是情绪沮丧、感觉挫败，最终不能以最好的状态工作。但是，一个只知道表扬，然后任由员工自己工作的领导者，一个不能清楚地区分高效能员工和低效能员工的领导者，也将会很快发现整体业绩的下滑。

　　在《追求卓越》一书中，彼得斯和沃特曼这样写道：成功的管理者，将 X 理论和 Y 理论神奇地融合在了一起。他们将其称为卓越的组织中"松紧有度的特性"（宽严相济）。

IBM 的沃森（Thomas J. Watson）、麦当劳公司的克罗克（Ray Kroc）和万豪的马里奥特（J. Willard Marriott）等诸位先生，在将雇员视作独立的成年人方面是开路先锋：他们鼓励数万人进行实践性创新，为所有人提供培训和成长机会，将所有人视作企业大家庭的一员。实际上，沃森先生在他的"开门办公"政策执行过程中，一直更支持工人。当工人们有所抱怨时，管理者很少能够胜诉。

另外一方面，这些管理者都十分果决。当他们关于客户服务和质量标准的核心价值遭到违反时，他们会表现得十分无情。他们是温润和冷酷的集合体。就像是一对尽职尽责的父母，对孩子很温柔，但也寄予很高期待。如果将他们的管理特征过度简化为"X"型或"Y"型，就会完美错过这一点。

理论讲到这儿就足够了，我们下面来具体看一下领导者应该怎样激励员工。

薪资重要吗？

这是当然的，人们希望获得工作报酬。

但是对于组织实现卓越这一目标，薪资的重要程度有多大呢？答案是薪资并没有你想的那样重要。

无数的研究项目想要找到薪资和绩效之间的对应关系，但都失败了。在《从优秀到卓越》一书中，吉姆·柯林斯写道，他的团队"在执行官的薪酬和从优秀到卓越的过程之间的关系中，没有发现系统模式"。比如，并没有任何证据表明，奖金或者是股票期权在"从优秀到卓越"的公司中应用得更多。并且，柯林斯发现，那些带领公司从优秀到卓越的执行官，实际上获得的现金报酬总额甚至比对照组公司的执行官们更少一点。

关于采用薪酬激励提升绩效表现的做法，菲佛和萨顿也得出了类似的结论：

> 实际上，没有证据表明股权激励的手段（也包括股票期权）提升了组织的绩效。通过对 220 多项研究的回顾，我们得出结论，股权激励对于公司的财务表现没有一致的效果。美国国家经济研究局公布了另外一项对执行官薪酬的大规模研究和回顾报告，报告指出多数想要兼顾管理者和股东权益的股权结构设计都没能实现其设计意图。

这并不是说人们对于财务奖励无动于衷。他们当然会受到影响。当基于销售额给销售人员支付佣金时，他们一般都会比只拿固定工资时卖出去的商品要多。这对于手工业者同样适用，计件取酬的情况下生产效率会更高。

《华尔街日报》的乔恩·奥尔巴克（Jon Auerbach）在 1998 年的一篇人物专访中，展示了薪酬激励能创造出怎样鼓舞人心的环境。这篇专访的主人公名叫约翰·查特温（John Chatwin），是 EMC 公司的一名销售人员。当时，这家公司的销售员的薪水中大约有 65% 来自佣金，并且上不封顶。

在故事的开始，查特温，一位前大学曲棍球运动员，在为自己能否完成季度销售指标而担忧。为完成任务，他有点用力过猛了——接送来参加自己儿子受洗仪式的亲戚们时在打电话，从家庭烧烤聚会上提前离场去跟客户谈生意。他对奥尔巴克说："我可能不够聪明，但是我有渴望，充满斗志。"

然而，问题是当前的大部分人的工作与查特温的工作不大一样，其绩效表现并不主要依赖于个人努力，也不太容易测量。现在的工作一般都需要团队合作。成功与个体努力的关系越来越小，而对于个体努力程度的考核也变得愈加复杂，甚至在有些情况下几乎无法考核。在这样的形势下，按照绩效支付酬劳常常显得有些不公平和专制，不仅不能激励员工，反而可能起到反作用。于是怨气横生，大量的时间和精力被浪费在争取个人表现积分上，而不是用在为团队成功而努力工作上。

可以说，薪酬激励在个人绩效基本依赖于个人努力且可以公平地考核的情况下是有效的激励手段。但是，在现在的职场中，工作一般由团队整体来完成，而绩效考核往往来自主观判断，薪酬激励很难发挥作用。

目标承诺

如果薪酬不是激励员工表现的重要因素，不是吸引和留住员工的主要原因，那么什么是呢？

半个世纪之前，社会学家亚伯拉罕·马斯洛（Abraham Maslow）

描绘了一个金字塔形的图表，他将其称为"人的需求层次"。

即人类的需求首先是最基本的生理需求：食物、衣服、住所——位于金字塔的最底层。当人们这一层次的需求得到满足后，他们开始寻求安全感，之后是社会关系和爱，再之后是自尊，最后在金字塔的顶层，是被马斯洛称为"自我实现"的需求——个人完善自我和实现个人全部可能的需求。

现在，大部分工作者——特别是最优秀的工作者——已经在向金字塔的顶峰迈进了。基本的需求已经得到了满足，他们想要更多的东西。

德鲁克写道："仅仅是谋生已经不够，工作还要能成就一种生活。"如果你想要留住优秀的人，那么就要让他们感觉到工作的重要性，感受到自己的使命感。总之，这些心理需求跟你支付的薪酬一样重要，甚至更加重要。

换句话说，工作必须有意义。作为一个管理者，你就是创造意义的那个人。你需要确保团队中的每一个人都认可组织的目标；让他们感到这些目标值得去追求，并在实现这些追求的过程中让他们发挥重要的作用。

这是一个复杂的挑战，无法轻易地归纳成几条简单的规则或指南。在特雷西·基德尔（Tracy Kidder）获普利策奖的著作《新机器的灵魂》（*The Soul of a New Machine*）一书中，我找到了创造一个令人满足的职场所需的复杂的社会和心理学要素。基德尔巧妙地记录了这部关于人的"剧本"，即通用数据公司的一个工程师团队在

20 世纪 70 年代如何研发出新一代计算机。

通用数据公司的这个团队在工作中很少得到来自公司高层管理者的正式表扬，但是对自己正在从事的工作坚信不疑。在书的末尾，基德尔将这个团队里的人比喻为建造大教堂的石匠。

"他们在为上帝建造神殿。这份工作赋予生命以意义。我觉得，这也是韦斯特（团队领导）和他的工程师团队所追寻的东西。他们自己常说，他们并不是为了钱在工作。在研发完成之后，他们中的一些人感到自己并没有获得应得的"战利品"和赞誉，甚至有些人对于自己的所得还有些怨言。但是，当说到项目本身时，他们的激情就又回来了。他们的脸都会因此而发亮。很多人都乐于谈起他们曾参与了某项不寻常的任务。"

这就是管理人才的"魔法"——让他们感觉到自己参与的事业是有价值的，是独一无二的，是非同凡响的。管理者的工作就是让他的团队去完成一个承诺——对队友、对团队的目标，对比自己更加宏大的事业的承诺。事实证明，这种承诺比黄金更珍贵。

- 工作是和游戏、休息一样自然的事。在适当的环境下，大多数人可以通过自我指导和自我控制为共同的目标而努力。

- 普通人也会为了他们自己认可和承诺的目标而全力以赴。关键是得到他们的认可。

- 没有明确证据表明薪酬激励在大部分环境中有显著效果。

延伸阅读：

《企业的人性面》（*The Human Side of Enterprise*），道格拉斯·麦格雷戈著。

1960 年出版，2006 年由麦格劳希尔集团（McGraw-Hill）再版。这无疑是管理学历史上最重要的著作之一，其对于人力资源管理思想产生了革命性的影响。麦格雷戈的 Y 理论认为人是可以实现自我激励、自我指导的，并不需要被强迫才会工作。

《马斯洛论管理》（*Maslow on Management*），亚伯拉罕·马斯洛著。

20 世纪 60 年代出版时的原名是令人费解的《优心态管

理》（*Eupsychian Management*），1998 年由约翰·威利父子出版社（John Wiley & Sons）再版。这本书很难读懂，但它提出了开创性的理念——将"马斯洛需求层次理论"应用在了管理学实践中。

《新机器的灵魂》（*The Soul of a New Machine*），特雷西·基德尔著。

小布朗出版公司（Little, Brown and Company），1981 年出版。这是一本很有趣的书，特别是书中将人们为什么在工作中感到满意的复杂原因描绘得很生动。

给忙碌者的极简管理学
The Wall Street Journal Essential Guide to Management

第四章　人力资源

（在招聘时）我最在意的是应聘者的个性——这个人在面试时怎样和你互动，他更适合做什么工作。你想要建立的是这样的团队：团队中每个人都愿意一起工作，乐于一起工作，每天都渴望去解决那些难题。

现在，我们成了谷歌的一部分，这不是个算法问题。

——查德·赫尔利（Chad Hurley）

YouTube 前首席执行官

摘自《华尔街日报》"领导力课堂"系列视频访谈

除了彼得·德鲁克，小约翰·F. 韦尔奇（John F. Welch Jr.）是近代以来对管理学实践影响最大的人，他还有一个更广为人知的名字——杰克·韦尔奇。

韦尔奇在通用电气公司工作了 41 年——其中一半时间担任董事会主席兼首席执行官。在此期间，他完成了对这个庞大机构的改造。和当时很多的大公司一样，通用电气深受内部官僚主义和僵硬的计划体制困扰。韦尔奇厌恶官僚主义，出了名地没耐心，还会责骂那些给他递交了长篇大论的备忘录和文件的经理人。"我不想要什么规划，我要的是具体的计划。"他这样教育他们。

让我们用数据来说话：他大力缩减臃肿的中层管理人员队伍，削减了 10 万个工作岗位——占整个公司人员的四分之一。他主持发起了一场大规模的并购浪潮，花费 1300 亿美元购买了 993 家公司。在世纪之交，他领导的通用电气，不仅是世界上最大的公司，同时也是世界上最受敬仰的公司之一。

有评论家贬低韦尔奇的成就，指出 20 世纪 80 年代和 90 年代是一个经济飞速发展的时期，通用电气就仿佛是滚滚向前的时代潮头上的一艘巨轮，韦尔奇只是刚好在这艘船上罢了。但是只要看一下通用电气在 20 世纪五六十年代的对手的现状，比如西屋电气（Westinghouse Electric Company），就可以认识到韦尔奇取得了多么辉煌的成就。西屋电气几乎已经消失不见了，而通用电气则成为世界上最著名的品牌之一。

在他职业生涯早期，韦尔奇压缩成本的激烈行为让他收获了"中子弹杰克"（Neutron Jack）的绰号，以及各地工会领袖的敌意。但在他职业生涯的后半段，韦尔奇又以着力培养手下而闻名。他最终意识到，他手中的经理人队伍是通用电气出类拔萃的真正原因。他将人力资源的职能放在通用电气企业文化的核心位置，并在位于纽约的克罗顿维尔的培训中心花费了大量的时间，与那些被提拔的经理人谈话。他说他自己"至少用了 50% 的时间"在"人的问题"上。最终，他的众多学生成为美国和世界各地很多大公司的经营者，比如波音公司、辉瑞制药、家得宝、房利美、ABB 等，这一事实充分证明了他在企业文化方面的影响力。通用电气培养出来的首席执行官，可能比美国任何一家商学院都要多。

在韦尔奇看来，无论是被视作强硬管理、削减职务的反官僚主义者，还是中层管理人员的支持者，都没有什么可奇怪的。在他卸任首席执行官职务之前，我的同事卡罗尔·西莫维茨（Carol Hymowitz）和马特·默里（Matt Murray）对其进行了一次采访，韦尔奇讲述了他在通用电气工作早期遇到的一件令他感到沮丧的事：

他的一个上司想要通过实施"平均薪酬体系"达到激励整个团队的目的。

"在那年年末，我们每个人的薪水都涨了1000美元。我说：'这对我不公平，我要走。'但是我的上司让我留下了，之后我再也没有遇到类似的问题。"

"这次经历使我意识到那些在像通用电气一样的大公司里工作的人是多么沮丧。你驾驶汽车进入一个大停车场，将它停在一排排的汽车中间，由一个无能的人告诉你做什么、怎么做。这不是你想要的人生。如果你没有一个合格的上司，也没有得到应有的认可，那结果将是很可怕的。"

韦尔奇说，他建议员工"永远不要让自己成为一个机构的牺牲品"。

"我鼓励员工举起他们的手，让上层看见他们，发表他们的意见。"我告诉员工，"如果通用电气不能让你摆脱那种牺牲品的感觉，那就到其他地方去。"我们也会努力请那些使员工感到自己被牺牲、手下不断流失的经理离开公司。

因为会影响员工士气、削弱团队精神，现在很多商学院对韦尔奇强硬的个人管理方式提出了批判。在之后的章节中，我们会将这些争论呈现出来。但是考虑到过去这些年韦尔奇的管理方式一直是成功的，我们倾向于对其不做不利判定。

招聘和解雇

选人，可能是所有管理者的首要责任。在为写作《从优秀到卓越》进行的研究中，吉姆·柯林斯发现那些有卓越表现的首席执行官，首先会把注意力放在"让对的人上车，不对的人下车"上，然后才考虑"车往哪里开"的问题。他们把人放在战略之前。最好是先建立一个有意愿一起工作的团队，然后由这个团队来擘画愿景。

柯林斯总结说："只有伟大愿景，没有卓越人才，是没有用处的。"

韦尔奇当然赞同这个观点。在《赢》(*Winning*)一书中，他写道，在开始他的招聘程序时，先要对三项内容进行严格的测试：诚信度、智力水平和成熟度。他写道："诚实的人说真话，遵守诺言。他们会为过去的行动负责，承认错误，并改正错误。"对于智力方面，韦尔奇明白地表示他不看教育背景，而是看"在当下错综复杂的世界里，是否有强烈的求知欲，是否有广博的知识，使他可以与其他的聪明人共事，或者领导他们"。对于成熟度，韦尔奇认为成熟跟年龄无关，而是指可以感觉到这个人"能够承受压力，能够处理紧张情绪和挫折，同样当胜利时刻到来时，能够享受欢乐，却不过度膨胀"。

只有候选人通过了这三项严峻的考验之后，他才会用他所说的"4 个 E"评价他们。这"4 个 E"分别是：

- **正向能量（Positive Energy）。候选人是否能在行动中成长**

并享受变化？是否能够每天都以激情开场，并一天都元气满满？韦尔奇写道："有正向能量的人，就是热爱生活的人。"很明显他就是其中之一。

- 鼓舞他人的能力（The Ability of Energize Others）。"就是那种有足够的能量鼓舞他的团队承担不可能任务的人。"他写道。这样的人需要兼具知识和说服技巧。

- 睿智（Edge）。韦尔奇将其定义为能够做出决断的能力。韦尔奇写道："每个人看问题的角度都不一样，一些人能够并乐于以开放的心态分析这些角度。但是一个高效能的人知道什么时候该停止评估并做出艰难的抉择，甚至是在信息还不完备的时刻。"

- 执行力（Execute）。或者说是落实工作任务的能力。韦尔奇说，经验告诉他，很多人能够做到前面三点，但是缺乏将一项工作做到极致的能力。他想要雇用那些能够让事情落实的人。

最后，韦尔奇教给他的候选人的是"激情"。他写道："要有激情，我的意思是对工作要有一种发自内心的、深沉的、真实的兴奋感。"

解　雇

如果说招聘员工是管理者最重要的工作，那么解聘员工就是最让人不悦的一项工作。这从来不是一件容易的事。但是想让解聘的过程进行得相对顺利，重要的不是你在最后一次面谈时说什么或做什么，而是在这之前的几个月中你是怎么说和怎么做的。

如前文所述，明确的期待和直接的反馈是建立良好职场环境的基础。在这样的职场中，解聘可能是令人不快的，但并不会让人感到震惊。更常见的情况是，绩效不佳的员工，会根据墙上的管理规定自我评估，在不得不被解雇之前，找到下一份工作。

韦尔奇将其称为解雇工作的第一条规则：不要突然袭击。他认为，在理想的条件下，最后的谈话应该这样进行：

上司：嗯，我想您已经知道这次会面的主题了。
员工：是的，我也这样认为。那您认为什么时间合适？执行什么方案？

关于解聘工作，韦尔奇给出的第二条原则，同样很有价值，即保持员工尊严（降低耻辱感）。

一位员工即使已经遭到解聘，管理者仍然有责任帮助他走出下一步。韦尔奇写道："要帮助他建立信心，并对其进行指导。让他知道在公司之外，有很好的、更适合他技能的工作在等着他。你甚至可以帮助他找到这样一份工作。无论他去往何处，你的目标应该是让被解雇的员工实现软着陆。"

评级和擢升

这是在管理学中争论最多的话题之一。韦尔奇很出名的一点是：他要求手下的经理人必须将自己的员工分成1至5级，其中10%为1级，且至少10%为5级。被列为1级的员工和差不多同等数量的2级员工会得到赞扬、关爱和慷慨的奖金。中间的70%，即那些被评为3级或4级的员工，将会得到指导和培训，公司会为他们精心设立目标，给他们机会向更好的等级进步。而对于被评为5级的员工，通用电气会要求他们离开公司。

韦尔奇说："无须掩饰什么，他们必须离开。"

批评家认为这种强制评级的做法会损伤团队的合作精神。这会使得员工陷入浪费时间且具有破坏性的博弈之中，保证自己获得加分，让其他人得不到。

菲佛和萨顿强烈地批评了这种做法。他们引用了一份调查问卷，调查对象是来自雇员超过2500人的公司里的200多位人力资源专业人士。调查发现，一半以上采用强制评级的公司的应答者称强制评级导致了较低的生产效率、不公平和互相猜疑，降低了员工对工作的认可度，减少了合作，打击了士气，破坏了对领导的信任。

然而，也有很多的证据表明，为建设一个高效能的职场环境，必须不断去确认和奖励表现最好的员工，并持续剔除表现最差的人。

不过"会哭的孩子有奶吃"是很常见的问题，奖金分配给那些叫得最大声的员工，或者是给了那些经常被挖角的员工，这当然是错误的。如果你能够确认表现最好的员工并提前给予他们奖励，在竞争开始之前，你就已经领先了。

同样，尽管让人不那么愉快，但是处理掉表现不佳的员工对于保持追求卓越的企业文化至关重要。最终说来，保持高效能的企业文化既需要"胡萝卜"，也需要"大棒"。

"你往前走的时候，得一手是肥料罐，一手是水龙头，并且不停地将两样都施在花儿上。"在卸任前接受《华尔街日报》采访时，韦尔奇这样说，"如果这些花长起来了，那么你就拥有了一个美丽的花园。如果它们不长，你就得把它们割掉。管理就是这么回事儿。"

应该做绩效评估吗？

这是在管理学界另外一个被激烈争论的话题。

支持者说，公正而诚实地对一个员工的绩效进行评价，对于一个组织机构的平稳运行当然是至关重要的。人们有权知道公司对他们的期望，当然也有权利知道他们是否辜负了这种期望。业绩审查的功能即是如此。

但是反对者认为，业绩审查会打击士气、强化命令与控制结构，是非常不必要的行为。在《华尔街日报》发表的一篇文章中，加州大学洛杉矶分校（UCLA）的管理学教授塞缪尔·卡伯特（Samuel Culbert）对这种做法进行了不遗余力的抨击。

卡伯特写道："在我看来，由老板主持、员工担责的审查，是对无能的掩饰。它不利于公司的业绩，会影响直言不讳的氛围，也是工作中士气低落的主要原因。即使尚未实施，仅是知道要进行这种审查，也会对日常沟通和团队合作造成危害。"

问题的核心是自我欺骗。就像加里森·凯勒（Garrison Keillor）在《乌比冈湖》（*Lake Wobegon*）里描写的孩子们一样，大多数工人认为自己高于平均水平。既然如此，我们又为什么要告诉其中一半人实情，说他们并不比平均水平高呢？

"我们都认为自己是最棒的，"彼得斯和沃特曼写道，"人类在看待自己时，都是充满热情、不甚理智的。这对组织工作有着广泛的影响。"对自己的热情有助于我们实现雄心勃勃的目标，破坏这种热情则会降低成功的可能性。

关于绩效评估，就像这本书中提到的许多其他问题一样，答案不是简单的"是"或"不是"。在大多数工作场所，绩效评估可能是一种有价值的，甚至是必要的工具。在一个成功的工作场所，员工必须能得到清晰的绩效反馈。我们不能也不应该容忍平庸，因为它会打击那些努力工作的人的十气。员工应该对自己在组织中的位置有一个明确的认识。例如，因业绩不佳而被解雇的员工不应该对此感到意外。如果员工没有自知之明，就是管理层的失败。

但是，绩效评估体系想要取得最佳效果，就需要管理者与员工进行对话，强调成功而不是失败，批评员工的不良行为但不贬低他们，负面反馈要在不良行为之后尽快给出。此外，评估过程需要澄清这样一个事实，即管理者对员工的成功负有责任。绩效评估应该是双向的。

此外，评估的大部分内容不应该面向过去，而应该面向未来。它不应该把批评员工过去的所做所为作为主要目标，而应该将其视为一个为未来设定目标和期望的机会。通过这种方式，绩效考核就能成为激励员工的重要工具。

员工敬业度

激励知识工人全力以赴为组织工作，最终要落脚到使工作有意义上来。这也许才是管理者最重要也是最具挑战的任务。说起来容易，做起来很难。

在近几十年，盖洛普公司（Gallup, Inc）对美国多家公司的员工进行了调查，调查的目的是想确认他们工作是否勤奋。结果显示，在一般组织中，5 名员工中仅有 1 名在勤奋工作；但是，在高绩效公司中，比例截然相反——勤奋员工与懒散员工之比为 8∶1。

就业调查机构的一份研究，总结了勤奋员工的特质：

- 对所就职的组织充满信任；
- 努力工作能让组织情况变得更好；
- 对企业经营的外部条件或者说是"大环境"有一定程度的了解；
- 尊重并乐于帮助组织内的同事；

- 在工作中愿意多做一点；
- 在工作中能够跟得上业界潮流。

营造一个能让人全情投入的工作环境，其回报是巨大的。但是，怎样才能让员工有更强的参与感呢？这一问题，与韦尔奇指出的避免员工感觉到自己只是一个无名的"牺牲者"相类似。近些年，关于这一话题出版了很多著作。但归根结底，它们的主要建议也不外乎以下几条：

- 要使员工感觉到他们参与了决策过程；
- 要使员工感觉到自己的工作是重要的；
- 要使员工感觉到他们可以表达自己的观点，并且管理层能够听到；
- 要使员工感觉到他们在工作中有发展机会；
- 要使员工感觉到组织的工作是重要的、有意义的；
- 要使员工感觉到组织对他们的健康和福利有一定程度的关注；
- 要使员工感觉到他们的勤奋能够得到感谢和奖励。

在一些组织中，有将"员工敬业度"的问题推给人力资源部门考虑的倾向。但如果想看到效果，这一问题应成为每一名管理者的中心工作。如果你的员工没能全心全意地投入工作，那你一定是做错了什么。

当然，和很多优秀的管理理念一样，这一条也存在滥用和错用的问题。实际上，"员工敬业度"作为一个管理学概念，在 2009 年 11 月呆伯特漫画对其进行讽刺时，可以说是戳中了其痛点的。

尖头老板：我们需要更多的管理学专家说的"员工敬业度"，我不知道细节，但我知道这跟你们这些白痴拿一样的薪水但工作更努力有点关系。

呆 伯 特：那你这边会有什么变化吗？

尖头老板：我想我会更高兴一点。

新手管理者常会发出这样的抱怨：

我等了很多年才得到这个职位。我想要成为一名管理者，这样我就可以用我的技能做一些重要的事——开发新产品、开拓新市场、引领组织成长。但是，现在我感觉我把大部分时间耗费在了人事问题上面。我手下这些人都是教育背景强、工资收入高的专业人士。但为什么我突然间感觉自己成了一个幼儿园老师？

听起来熟悉吗？虽然感觉不太好，但实际情况就是如此。总而言之，管理就是做人的工作。你把大部分时间花费在人事工作上，实际上就是在履行你的职责。如果你的员工高绩效、低工资，工作时没有任何不良情绪，也不闹事，那当然好。可惜生活并不会如此。

这些已经让人很沮丧了。但还有最令人沮丧的部分：你手下最难搞定的员工，往往是在最有价值、最有才华的人里面。

如果情况不是这样，事情当然会容易一些。如果一个普普通通或者无关紧要的员工表现不佳——在公开场合发脾气、辱骂同事、总是缺席重要会议、不愿分享重要信息——你当然知道应该如何做。你会将这名员工叫到办公室，直接列出他的这些错误行为，告诉他必须改正；然后可以含蓄或者直白地告诉他，如果他坚持不改，你会做出处理。

但是，如果这位行为不检的员工是你的明星雇员呢？你知道有这种人：他们把所有时间都投入到工作中，迫切地想要取得成功，但同时他们也想要他们的成功得到重视和赞赏。有些人，感觉自己一定要在各个方面超出你的期待，一部分原因是因为他们从来都不能满足父母或其他权威人士的高期待，在他们的内心中始终莫名地缺乏自尊（不好意思，有点心理学家式的分析）。

这样的人，感觉自己一定要在会议中占上风以显示自己的聪明，从而威慑其他参会者。或者，他们会严厉斥责同一办公室中那些工作努力程度或工作成效不符合他的高标准的同事。或者，他们仅仅是要求你时时关注、事事表扬，让你无法专心做自己的工作，也无法有效管理团队中的其他成员。

在本书中，我们认为对于大部分管理中的挑战，"直率"是一个不可或缺的工具。但是，对于上文中这种有才华却不断制造麻烦的员工，直率应对会是灾难性的。即使是温和地指出他们的错误行为，也可能引起一场大爆发。你的明星员工可能会突然感觉自己在这里不被欣赏，然后选择另一个虚位以待很久的工作。

在这种情况下你该怎样做呢？

首先，不管你感到多奇怪，要认识到你的明星员工的不当行为来自不安全感。尽管你可能认为他已经得到超出正常范围的表扬和关注，但还是再多给他一些表扬和关注吧。也许你对花费额外时间、不断安抚一个你认为根本就不需要安抚的人感到厌烦，但是无论如何请你先这样做了再说。

这之后，在你显示出你愿意多走1公里——10公里——甚至是100公里之后，如果还是有必要的话，关于你发现的那些无益的行为，可以尝试进行一次柔和的谈话。但一定注意，谈话要私下进行（一对一进行）。如果有其他人在场，这只会加重该员工的不安全感。另外，避免批评式的建议；可以尝试列出他能够在哪些方面帮助改善整个工作环境的问题。

此外，可以寻求具有创造性的结构性解决办法。比如，如果问题是一个人总是在会议中占主导地位，那么尝试找到一个方法，让他少参加一些会议。可以将他"提拔"到一个更高的职务，你可以直接向他询问建议，这样就可以将他从很多耗费时间的不必要的会议中"解放"出来。如果他在工作场所辱骂同事，那么就给他一个单独的办公室作为辛苦工作的奖励。

最后，如果上面的措施都没能生效，那就让他们离开。没有企业真的离不了的员工。这并不是夸大其词，一个行为恶劣的员工，会给团队中的其他人造成普遍性伤害。

管理倦怠的员工

在大部分组织中，你都会发现有一批处在职业生涯中期的核心员工，他们的年龄一般在 35~45 岁，职业发展已经遇到了一定阻力。他们一般服务时间很长，对公司忠诚，对工作投入，但随着时间推移，他们开始感到失意、无聊，在隐约怀疑自己的职业生涯已经触顶时也会感到恐惧。

你可以将他们都淘汰掉，换上年轻人——但是如果这样做你会因为年龄歧视招致法律诉讼。并且，你也会随之损失掉很多关于本组织的宝贵知识和经验。

我们建议的替代方案是，认真地花一些时间和精力去重新激发这些处于职业生涯中期的员工的活力，让他们重新投入工作中去。正如前文所说的，保持员工对工作的投入度，是成功的关键。

对新上任的管理者，要特别关注与处于职业生涯中期的员工的谈话。询问他们对于职业的期待和抱负，问一问他们五年后或十年后想做什么。一般来说，他们的雄心壮志并没有凋亡，只是处在休眠之中。来自高层的关注通常会把它们重新唤醒。

在对中年员工的抱负了解了更多之后，你可以为他们安排一些能够纳入他们人生规划中的新任务。当被赋予一项有意义的新挑战时，那些曾经最懈怠的员工也能迸发出令人惊讶的生命活力。

你也许也曾考虑过让这些年长的员工担任青年员工的导师。这对组织来说是一个多赢的策略：这能让年长者感觉到自身经验的价值，给他们感受青年人活力和实现自我敬业的机会，也让青年员工有机会从年长的员工身上汲取经验。

最后，领导力发展项目、培训项目或者是简单的轮休假期，都能对中年员工重新获得职业认同感有所帮助。当然，一套组合拳也值得尝试。

员工多样性管理

在商业领域，这一理念已经被广为接受，即多元化的员工队伍——包括种族和性别多元化——有助于建设更强大的团队。美国和欧洲的大部分大公司都推出了鼓励员工多元化的项目。

对于员工多元化能够强化团队的原因，主流的看法有以下三个：

- 多元化的团队带来了多元化的视角和知识背景，有助于团队做出更好、更有创意的决策；
- 多元化的团队能更好地服务多元化的客户；
- 多元化的团队更有利于吸引和留住来自多种背景的人才。

这三条原因看起来都很有吸引力，但是实际的证据表明，员工多元化能否提升企业表现还有待商榷。在一些组织中，员工多元化项目明显增加了创新能力，提高了客户服务水平，促进了人才招聘和保留。然而，员工多元化也增加了成本——经理们不得不花费大量的时间和精力招聘和留住特定种族的员工，而不是为一个岗位寻找最优秀的人。但是，在招聘和组建团队时，我们还是强烈建议将员工多元化作为一个核心原则，原因很简单：如果你不这样做，你很可能会落入人类本能的陷阱，周围全是跟你相似的人。这有可能让你触犯美国联邦法律，因为法律规定不得因为种族、肤色、宗教、性别和来源国歧视他人。更重要的，这可能会让你错失最优秀的人才。

当然，这并不意味着你应该为非裔、拉丁裔、女性或者是白人预留特定的岗位，也不意味着为了实现员工多元化招聘不合格的应聘者。

但是，它意味着当你招聘时，应该特别注意将招聘范围扩大到各种社区。比如，你可以在少数族裔出版物上刊登招聘广告，或者使用不同背景的招聘人员。不管是任何职务，确保进入最后一关的三名候选人中有一名来自不同背景，这是一个很好的办法。如果没有一个此类的合格候选人，那么你就需要扩大你的人员搜寻范围。

在提拔任用工作人员时，也可以采用同样的办法。确保在做任何擢升时，你都有三名以上的候选人，其中至少有一名来自不同背景。这条纪律将会保证员工多元化始终在你的经营理念中处于中心位置。

最后，找到合适的途径，与来自多元背景的员工保持联系。也许他们在和你交谈时，不像与你背景相同的人与你谈话时那样自然。那就在和你同背景的人中间找一个人，做他们的导师。还要找到合适的途径确保能得到诚实的反馈。来自多元文化背景的员工，很多从没获得过与你所属的群体中的大部分人同等的职业机会，也许，这时你需要为他们创造特别的培训和发展机会。

管理女性

我们在本章开始时，对杰克·韦尔奇大加赞颂。但是，在管理女性这一重要问题上，我们认为韦尔奇犯了个大错误（最聪明的人也不总是对的）。

在 2009 年 6 月召开的人力资源管理委员会年度会议上，韦尔奇发表了一次演讲。他在演讲中说："根本就没有什么工作和生活的平衡。"他认为"女性可以在工作和生活之间进行选择，但你选了什么，自然就会有什么样的结果。如果你把时间用在养育孩子上，那结果就是失去重要的升职机会，当然，那是很糟糕的"。

当韦尔奇的演讲被发表在《华尔街日报》的官网上后，很快就引来了大量的评论。"哦，请原谅，他有什么资格这样说？"一个读者评论说。"杰克·韦尔奇之所以结三次婚，可能就是因为他是个大男子主义者。"另外一个评论者这样写道。

把情绪放到一边，我们来看看实际情况。在当今美国，58% 的大学毕业生是女性，几乎一半的职业资格和研究生学位获得者也是女性。然而，在职业晋升的道路上，女性却寸步难行，在一些高收入的行业，如咨询、银行和工程等，都是如此。

这种现象是否反映了严重的性别歧视，我们把这个问题留给别人去辩论。但它确实反映了女性是一种没有得到充分利用的"资源"。有很多有才华的女性并没有完全投入职场中来。找到让女性全身心投入工作的方法，对于所有经理人来说都是有好处的。

所以，我们给出的管理建议是：对工作场所中的女性员工予以特别关注。明确吸引她们、留住她们、培养她们的具体办法，给她们请假养育孩子和照顾年迈父母的机会。这些做法，最终会让企业得到回报。

在这一点上，具体建议如下：

- 创造更多适合女性就业的岗位。相对于男性，女性在工作中需要请假的情况更多，一般是处理孩子和年迈父母的问题。要寻求合适的方式满足这种需求。比如，创建工作时间较短的岗位，创建工作分担的机制，提供日间弹性工作时间或开发在家办公的岗位。

- 消除对这种特殊工作安排的污名化。没有任何原因表明一个在家办公或短时工作岗位的员工，对于组织的价值就比整天都待在公司的人的价值要小。作为一个管理者，应该明确表示你支持这种安排。

- 雇用那些曾经离开职场的女性。在离开职场一段时间之后，重返职场是很困难的。但是如果你能做出特别的努力，招揽一些曾有类似经历的人，你可能会发现一些宝藏。

- 最后一点，也可能是最重要的一点，那就是避免在工作场所创造"男性文化"。很抱歉在这里老生常谈，但是确实有一整套的职场行为被普遍认为是多见于女性员工的。比如，女性在大型会议上表达自己看法时会更不自信；比起个人成就，女性更强调团结一体；女性在要求升职或提级方面更缺乏进取心等。

- 作为一名管理者，你需要对这种趋势有所察觉并及时纠正。不要让一个好点子被忽略，仅仅是因为表达者语气有些犹豫。不要忽略某个人取得的成就，仅仅是因为这个人不喜欢吹嘘。不要给某个人升职或提级，仅仅是因为他再三要求，而是把机会给那些最值得的人。

- 卓越的领导者让对的人上车，不对的人下车，然后才考虑车往哪儿开的问题。
- 员工需要清楚而坦率的反馈，这样他们才能明白自己的真实情况。
- 基于绩效表现开展解聘工作，永远不要搞突然袭击。
- 在当今职场，女性是一种未被充分利用的"资源"。要找到更好地雇佣她们的方法。

延伸阅读：

《赢》（*Winning*），杰克·韦尔奇、苏茜·韦尔奇著。

哈珀柯林斯出版集团（Harper Collins Publishers），2005年出版。本书是杰克·韦尔奇和他的第三任妻子共同完成的。韦尔奇直率的谈话方式在本书中表现得淋漓尽致。书里面的这些理念让他赢得了《财富》杂志评选的"世纪管理者"的称号。

《杰克·韦尔奇自传》（*Jack: Straight from the Gut*），杰克·韦尔奇、约翰·A.拜恩著。

华纳商业出版社（Warner Business Books），2001年出

版。如果你想更加崇拜韦尔奇，那么这本自传很值得一读。

《哈佛商业评论之人才管理》（*Harvard Business Review on Talent Management*）。

哈佛商业评论出版社（Harvard Business Review Press），2008 年出版。本书收录了一系列关于人才管理面临挑战的文章，从保持"A 级"员工效能到如何管理中年员工，应有尽有。

给忙碌者的极简管理学
The Wall Street Journal Essential Guide to Management

第五章　战　略

在很多公司中，战略计划被视作机密，只有执行董事们才知道，然后他们还要讨论为什么员工不按照战略计划行事。哼，当员工对公司战略计划一无所知时，他们怎么能做到呢？管理者必须有勇气将战略计划公之于众，并做好捍卫它的准备。

我认为首席执行官的生活和政治家公开式的生活是相类似的。你要明白，选你当领导，是他们不得已的选择。

——迪特列·恩格尔（Ditlev Engel）

维斯塔斯风力技术公司（Vestas Wind Systems A/S）前首席执行官

摘自《华尔街日报》"领导力课堂"系列视频访谈

你已经准备好了领航，但你要去往何方？

画出一条路线是管理者最基本的责任。团队的使命是什么？实现这一使命的战略是什么？对于未来有什么目标，这些目标是否与战略和使命相一致？团队的整体目标是什么，团队中每个成员的个人目标又是什么？

值得注意的是，有很多管理者从来没有回答过这些基础问题。有些时候，他们的使命、战略和目标由他们的上司或上司的上司决定，或者是由他们组织的性质决定的。很多管理者在他们整个职业生涯中一直是在被动做出反应——对上级发出的命令，下级传递的压力和问题，或者是对工作场所紧急的需求做出反应，但是从来没有清晰地设立过一个自己的方向。

如果你做的所有事都只是在做反应，你一定会失败。也许你善于解决出现的问题，也许你在处理上级和下级的需要和请求时很有技巧，也许你每天工作很长时间并受到员工的爱戴，也许你是组织中的绩效榜样，但如果你没有设立目标，你就没有真正地在工作。

管理者必须知道自己前进的终点，并且有一个如何到达终点的清晰计划。

这听起来很简单，但在实践中需要超强的自律精神。想要明白其中的原因，你可以拿自己某一天的生活为例，分析自己一天里的行动。在一天中，有多长时间是在有意识地为实现自己设定的目标而努力？人类独有的天赋之一就是自我觉察——思考，并最终决定自己一生做什么的能力。但在日常生活中，为应付他人的要求、应对外界刺激、处理突发事件，或仅仅为了满足生理需求——吃饭、睡觉，人们就这样度过一整天。这种天赋在嘈杂中被遗忘或者被忽视了。

对于领导者，生活更是加倍地嘈杂。领导者要为整个团队的成员负责，因为每个人都有自己的需求，都盼望得到你的帮助。每一天，你都有很多工作想要开展，还有一系列的会议需要参加。每一天，你常常要面对很多对你指手画脚，告诉你应该做什么的人。同时，还有同事、客户、分包商、供应商——整个工作网络上的人——对于你应该怎样分配你的时间有他们自己的想法。

在这样的工作环境中，人很容易把焦点放在解决问题上。也许你有一位专横的上司，也许你的预算非常有限，也许你没有足够的人手去完成任务，也许你身处在一个十分抗拒变化的文化环境中，总之，有无数的条条框框限制着你的行动。

但是，要成为一名优秀的领导者，你不能陷入那些你做不到的事情中。作为一个管理者，你应该把注意力放在你能做到和应该做的事情上，以及如何将其完成上面。

很多畅销的管理学著作看到了这一根本性挑战。在史蒂芬·柯维（Stephen R. Covey）的畅销书《高效能人士的七个习惯》（*The 7 Habits of Highly Effective People*）中，第一个习惯是"积极主动"（to be proactive）。"积极主动性，"柯维写道，"是一个你在大部分人的字典里找不到的词。它不仅仅是积极承担。它意味着作为人类，我们对自己的人生负责。我们的行为应是我们内心决定的产物，而不是身处环境的产物。"

作为一名管理者，你积极主动的职责要扩大到整个团队。要去掌控，而不是为习惯和传统所局限。不要囿于前人留下的过时的冗长的计划表格；不要让他人的要求将你和你的团队拖在那些你知道不应该做的事情上；不要只看到限制，而是关注可能性。成为一个领导者，意味着你被召唤去实践人生中最基本也最珍贵的天赋：去选择、去设定路线，去决定自己的命运。

"积极主动"之后是同样重要的第二条规则："以始为终"（begin with the end in mind）。你要知道你的最终目的地，并且要有一个通往该处的计划。之后，沿途所做的每个决定，都要依据这一计划，并最终到达终点。

乔治·W. 布什（George W. Bush），是美国第一个担任总统的MBA 毕业生。他说过一句很有名的话："我是做决定的人。"——这是哈里·杜鲁门（Harry Truman）的名言"责任止于此"的布什版。做决策是管理者工作中至关重要的一部分，但是如果这些决策在整体计划之外，使组织偏离了更高目标前进的方向，那么这些决策就毫无价值。战略思维的本质是：理解管理者所做的每一个微小决策在通向理想中的终极目标的过程中的助力作用。

大部分组织将这一过程分成三个步骤。首先，确立组织的总体任务。用最简单和最清晰的语言说明组织要做什么。然后，制定组织战略，即在当下的经营环境中完成组织任务的现实计划。最后，是一个错综复杂的集合，包含了个人目标和经营指标，每个团队成员必须完成的任务和完成时间表等，但每一项都要与组织的总体任务和战略相一致。

但这些也不是不可以更改的。为适应环境和资源的变化，或为了利用新出现的机遇，目标可能会经常调整。但战略调整不应该如此频繁——取得战略成功需要时间，战略不断变化会给组织造成混乱。组织的使命应是变化最少的：只要员工清楚组织的终极目标，他们就能够接受过程中的目标变化和战略调整。

需要提醒大家的是，尽管确定使命、战略和目标是管理者工作的中心，但这种努力有可能陷入为了完成而完成的境地。为撰写使命宣言、战略规划、分解目标而举办的各种会议和活动很可能脱离了日常的管理实际，其结果也可能会对组织造成伤害。

在我职业生涯中有一小段时间，我被美国消费者新闻与商业频道（CNBC，当时是通用电气的一部分）雇用，担任有线网华盛顿分公司的主管。有一次，为解决一个特别棘手的问题，我需要人力资源部门经理的帮助。然而每次我给她办公室打电话，都被告知她在参加六西格玛①会议。她也从来没有给我回过电话。

当时我想，难道六西格玛里没有一条，是要求你做好你的本职工作吗？

最后我想说，正如我们在本章后面和下一章中将要讨论的，战略只有与执行过程紧密结合在一起时才有价值。在 20 世纪 80 年代对管理咨询师进行的一次调查中显示，那些有效制定的管理策略中，只有 10% 被成功实施了。这个成功率太可怕了。使命、战略、目标，它们是一个好的开端，但也仅仅是一个开端。

使命宣言

每一个组织都应该有一个使命宣言。

在上一章中，我们讨论了管理者要如何成为创造意义的人。而使命宣言，则是对这一意义最清晰的表达。它赋予了组织中的每一名成员共同的关注点和共同的目标。它有助于团队意志的统一。

历史上最有名的使命宣言之一，来自约翰·F.肯尼迪总统（John F. Kennedy），他在 1961 年向美国人民承诺："在 60 年代结束之前，我们要把人送上月球，还要把他们安全地带回来。"

之后，有人发现了这一使命宣言中的漏洞。宣布这项计划的讲

---

① 六西格玛：一种改善企业质量流程管理的技术，以"零缺陷"的、完美商业追求，带动质量大幅提高，成本大幅下降，最终实现财务成效的提升与企业竞争力的突破。——译者注

话里，满是应对苏联航空工程挑战的豪言壮语。而苏联在几年前，成功发射了人造地球卫星。

并且，正如反对者所说的那样，将人送入太空，发射大量的无人探测器需要无数耗资巨大的技术研究。理解和掌握宇宙，对于一个将进行宇宙航行的人，是否真的是必需的，是否有实际的帮助呢？

无论如何，肯尼迪的宣言都是大胆的、鼓舞人心的、简单和清晰的。它让公众充满了想象。它使一个意志消沉的国家在一个雄心勃勃的目标下团结起来，尽管有很大的挑战性，但最终事实证明它是可以实现的。

作为一则使命宣言，它是无与伦比的。

虽然各个组织的使命宣言大相径庭，但是一般来说都是在试图回答以下三个问题：

- 我们做什么？
- 我们如何做？
- 我们为谁做？

比如，让我们来看一下凯龙（Chiron）的使命宣言。它是诺华制药的一个业务单元。

"创新科技保护人类：我们致力于癌症治疗，提供安全的血液制品，防治传染性疾病。"

真是说得再清楚不过了。这则宣言表达了这家公司的目标：治疗癌症、提供安全的血液制品，开发疫苗和其他工具来防治传染病。它还说明了要怎样实现这些目标——通过科技创新。并且，它还清楚地表达了公司存在就是为了服务患者。

不过，事情真的这样简单吗？这家公司真的只是为了病人而存在吗？那么它的股东们呢？还有雇员们呢？卫生保健类公司常常在它们的使命中将患者放在核心位置——比如，安进公司（Amgen Inc.）的使命宣言非常简单："为患者服务（to serve patients）"。然而，这让我们更加怀疑这是不是真的只是它们唯一的目标。

在回答"为谁而做"的这个问题时，很多公司提供的答案都是多层面的。比如达乐公司（Dollar General Corporation），将它们的使命分成三个部分：

- 为客户——提供更好的生活；
- 为股东——提供优秀的回报；
- 为员工——提供尊重和机遇。

强生公司（Johnson & Johnson）有一则有名的信条，在公司墙上已经挂了超过 60 年，描述的就是公司的责任。其内容是：第一，为医生、护士和病患；第二，为雇员；第三，为了我们生活和工作的社区；第四，为了股东。其他公司的使命宣言也可能是关于商业伙伴、赞助人或客户的。在现实世界中，大部分组织都有不止一个需要服务的人群，在使命宣言中需要确认这一点。

"我们如何做？"这个问题也涉及了价值观。很多公司有意在使命宣言中加入一条价值观宣言；另外一些公司会将价值观融入使命宣言中。比如安进公司简单到三个单词的使命宣言，其实后面还跟着一系列"价值观"，更加完整地描述了这家公司的目标：

- 以科学为基础
- 勇于竞争，勇于胜利
- 为病患、员工和股东创造价值
- 诚信尽责
- 互敬互信
- 团队精神
- 合作、交流、负责

班杰瑞冰激凌公司（Ben & Jerry's Homemade, Inc.）是一家以积极履行社会责任而闻名的公司。在我看来，这家公司有着内容最为全面的使命宣言，准确地将该公司的各种目标、价值观和支持者都融入其中。

我们的使命由密不可分的三个部分组成：

产品使命：制造、配送和销售健康天然的冰激凌和休闲食品，承诺永远采用健康、天然的配料，采用尊重环境和地球的经营方式；

　　经济使命：为公司增加盈利，为股东创造价值，为员工个人发展和职业成长拓宽道路；

　　社会使命：主动承担企业在社会中的核心责任，创造全新方式，提高本地、全国和全世界人民的生活质量。

　　一个使命宣言的寿命应该是多长呢？杰夫里·亚伯拉罕斯（Jeffrey Abrahams）在他所写的《顶尖公司的101条使命宣言》（*101 Mission Statements from Top Companies*）中，引用了林肯的一句话，那是林肯被问到一个人的腿应该有多长时的回答："长度能够到地面就可以了。"

　　对这一问题，没有一个简单的答案。使命宣言需要容易被记住。越短越好，但不能短到失去了应有的功能。美国铝业公司（Alcoa）有一则"愿景宣言"，号召公司要成为"世界上最好的公司"。虽然，这宣言看起来挺激动人心的，但是它到底是什么意思呢？在哪方面最好？也许，增加一些细节会更好。

　　在上文中，我们重点讨论了公司的使命宣言。但是这里有一个重要的问题：对于一个大型的、业务复杂的现代企业，一则使命宣言够用吗？或者，大企业里每一个独立经营的单元，是否需要有自己的使命宣言？

　　我们给管理者的建议是：先看一看企业现有的和组织内相关的使命宣言。如果，你认为你的团队有独一无二的，或者有独立的使命，在那些覆盖范围更宽泛的宣言中无法体现，那么再去着手创造属于自己的宣言。但是，构思时要注意，确保你们的宣言与整个组织的宏观的宣言保持一致。在同一组织内，使命发散或冲突会造成混乱。

在构思一个新的使命宣言时，参与的人越多越好。要牢记，成功的关键是让整个组织都对一个共同目标有认同感。如果有机会参与目标的制定，那么组织的成员会对这一目标更加认同。

作为一个作家，我觉得还有一件重要的事要告诉那些撰写使命宣言的人：这项工作中有一个很容易掉进去的陷阱。使命宣言可以，也应该体现出很多人的贡献，但是永远不要让多个人去撰写它。没有一首伟大的诗、一篇优秀的小说、一则动人的故事是一群人一起创作出来的，实际上，没有任何值得一读的作品是集体创作的。一旦你已经决定了使命宣言要表达的内容，我建议你挑选一个优秀的写作者，让他自己去构思。这也是第二届大陆会议（The Second Continental Congress）将撰写《独立宣言》的任务交给托马斯·杰斐逊（Thomas Jefferson）的原因。本杰明·富兰克林（Benjamin Franklin）和其他人可能也曾对草稿进行过修改，如精炼一些概念，删掉一些冗余的句子，但是《独立宣言》至今仍然能够鼓舞人心的原因，很大一部分要归功于杰斐逊的生花妙笔。

战　略

战略一词起源于军队。"Strategus"是指古代希腊军队中的将领，而"Strategy"（战略）一词则指的是将领指挥大军团行动和作战的技巧。军事战略经典著作《孙子兵法》(*The Art of War*) 成书于 2000 多年前，作者是中国军事家孙子。孙子要求军队里制定战略的人，在开战之前要从五个方面对参战双方进行评估。这五个方面分别是：道——孙子用以代指下属对领导者意图的领悟程度；以及天、地、将、法。而一旦战斗开始，孙子认为军队则应遵守以下五条规则：度、量、数、称、胜。

"地生度，度生量，量生数，数生称，称生胜。"

当然，不是所有组织的工作都可以用战争类比。在战争中，一方赢了，那么另外一方肯定是输了。但在生意场和其他很多领域，都有充足的多方获利的机会。但《孙子兵法》和卡尔·冯·克劳塞维茨（Carl von Clausewitz）的《战争论》(*On War*) 两部名著，仍在商学院的必读书目中占据着重要位置。制定军事战略的规则——评估对手、踏勘战场、仔细衡量、认真计算、进行对比、提前筹划，就像参加一场多维度、多方竞技的棋局——与所有组织成功制定战略的规则完全一样。

在企业界，战略制定倾向于关注差异化。布鲁斯·亨德森（Bruce Henderson）是波士顿咨询集团的创办人，他将战略称之为"仔细发现一个行动计划来发展企业的竞争优势并将其扩大"。因此，像亿贝（eBay）这样的公司通过创造了一种全新的购置和出售物品的方式而兴盛起来，戴尔电脑公司（DELL）则绕开零售商，通过用产品目录销售的办法打败了竞争对手。

一个好的战略可以为企业带来持续数年的成功和盈利。比如，美国西南航空（Southwest Airlines）通过降低特别航线的票价、优质的服务、提高航班密度，以及在主要航空公司都在开发"集中星型"体系时转而提供点对点的服务，在竞争极为激烈的航空业中脱颖而出。

同样，如安迪·格鲁夫（Andy Grove），将英特尔（Intel）从一个存储芯片制造商转变成为一个占据市场主导地位的高附加值微处理器制造商，开启了公司几十年来的繁荣时代。他为自己的回忆录取的名字，很像孙子警句的现代版本——《只有偏执狂才能生存》（*Only the Paranoid Survive*）。

另一方面，一个失败的战略则会给企业带来长达数年的灾难。《华尔街日报》逐年记录了一家老牌美国企业西尔斯·罗巴克公司（Sears, Roebuck & Co.）数十年来的衰退过程。衰退开始于1981年，西尔斯决定开展多元化经营，通过收购添惠证券公司（Dean Witter Reynolds）的保险经纪业务和科威公司（Coldwell Banker）的房地产经营业务，以及之后发行"发现者号"信用卡（the Discover credit card），正式进入金融行业。这一被外界戏称为"袜子和股票"（Socks And Stocks）的战略后来被证明是灾难性的。这些业务之间完全没有互相促进的作用——人们并不想在西尔斯百货店里交易股票或购置房产——而多元经营也分散了公司的注意力。正如一名分析人士对《华尔街日报》所说："没有人关心百货商店了。"等西尔斯开始推行错误的"一站式"购物中心战略时，其他的零售商则开始开设专营店——它让其他公司偷走了自己的传统市场。

西尔斯的零售业务目前为投资家埃迪·兰伯特（Eddie Lampert）所有，至今仍然没能恢复元气。

将战略作为一个管理学科进行认真的研究，一般被认为是开始于一部具有里程碑意义的著作《竞争战略》（*Competitive Strategy*）。该书出版于1980年，作者是哈佛大学商学院教授迈克尔·波特（Michael Porter）。尽管已经成书40余年，本书依然被认为是这一领域的权威著作。《华尔街日报》首席执行官委员会的好几位会员，都认为它是对他们影响最大的书。

在传统经济学家眼中，市场上有无数的参与者相互竞争，使得产品价格下降，产品质量提高，利润率保持在合理水平。而在波特看来，制定战略就是为了逃脱"完全竞争"的模式，为你的产品或服务创造一个强有力的市场地位，使你能够得到超额利润。

波特列出了五个决定产品和服务是否获得强势战略地位的关键竞争力：

- 新进入者的威胁（entry）。其他公司进入市场的难易程度如何？新入场者是否面对着高企的壁垒，是否会遭到现有竞争者的猛烈反击？进入壁垒包括了规模经济、产品高度差异化、高资本需求、客户转换成本、分销渠道、政府法规或补贴等。
- 替代品威胁（threat of substitution）。你的产品和服务是否很容易被替代？比如，想一想玉米糖浆行业的兴起对制糖业的打击，或者是 iPod 的出现对于 CD 行业的影响。

- 购买者的议价能力（bargaining power of buyers）。是否有有限的几位客户贡献了你大部分的销售额，他们从你公司购买产品的费用是否占了他们成本的大部分？他们是否可以很轻易地找到另外一家供应商，或者直接自己生产你公司提供的产品？你的产品是否对于他们的产品或服务的质量相对影响较小？如果对于这些问题的答案是肯定的，则购买者对于你公司和产品价格有很明显的杠杆作用。

- 供应商的议价能力（bargaining power of suppliers）。你有多家供应商吗？你有替代供应商可用吗？你能很轻易地更换供应商吗？对于供应商，你是相对重要的客户吗？他们的产品对你来说相对不太重要吗？在这种情境下，肯定的答案意味着你对该供应商有很强的议价能力。

- 同业竞争者的竞争激烈程度（rivalry among current competitors）。你跟同业者竞争的激烈程度，也会影响你保持赢利的能力。

对于这"五力"模型，波特认为企业有三种普遍适用的策略可以采用，以获得超额利润。

——总成本领先战略。如果保持成本低于他人，你就能保持赢利。这就是戴尔电脑的战略，同样的例子还有沃尔玛。

——差异化战略。如果能够创造出独一无二的有价值的商品——比如奔驰或苹果电脑——你就能比同行业的其他人赚到更多钱。

——专一化战略。通过专注于特殊客户、特别地区的独特需求或者产品线上的特别部分，可能会赚到比平均回报率更高的利润。

波特认为企业的战略选择是否清晰十分关键。他认为最差的位置，是"卡在中间"，既没有有优势的价格、独特的产品，也没有专一的市场。

近几年，很多批评者认为波特的分析方法，在迅速变化的时代里显得过于静态化了。基于波特模型而制定的战略决策将会不断被市场的变化所推翻。

我们将会在后面的章节讨论这些批评意见，但是基于这些批评，有一部很有影响力的书非常值得一提，即 2005 年出版的《蓝海战略》（*Blue Ocean Strategy*），作者是 W. 钱·金（W. Chan Kim）和勒妮·莫博涅（Renée Mauborgne）。

尽管没有提及波特的名字，两位作者还是在书中对其进行了正面攻击，他们认为"五力"分析模型只适用于已经存在的"红海市场"，即鲨鱼无情交战的市场。要取得不凡的商业成功，关键是重新定义竞争关系并进入"蓝海"，也就是一片只有你自己的水域。这些战略的目标不是在竞争中获胜，而是让竞争与你无关。

在他们引用的例子中，有一个是"太阳马戏团"（Cirque Du Soleil）。在 20 世纪 80 年代，这家加拿大公司重新定义了正在衰落的马戏团行业的"生存动力学"。按照常规的战略分析，马戏团行业已经无可挽回：明星表演者对公司有供应商议价能力；其他类型的娱乐活动，从竞技类节目到家庭娱乐系统，势头正盛并且价格便宜；另外，动物保护组织一直在对马戏团对待动物的方式施压。

为此，太阳马戏团取消了动物表演，降低了明星表演者的重要性，创造了一种新的娱乐形式。这种新的娱乐形式融合了舞蹈、音乐、特技运动，以吸引那些已经不看传统马戏团表演的高端成年观众。

两位作者用"四步动作"替代"五力"模型，帮助企业创建蓝海战略。这四个动作需要通过回答以下四个问题来获取：

- 哪些被行业认定为理所当然的元素需要剔除？（在太阳马戏团的案例中，需要剔除的有动物、明星表演者以及三个分开的围栏。）

- 哪些元素的含量应该被减少到行业标准之下？（在太阳马戏团的案例中，管理者减少了传统马戏中很多惊险刺激的表演。）

- 哪些元素的含量应该被增加到行业标准之上？（太阳马戏团为增加表演场地的独特性，开发了自己的帐篷，而不会受到现有场地的限制。）

- 哪些行业从未有过的元素需要创造？（太阳马戏团引入了戏剧元素、艺术化的音乐和舞蹈，以及更加高端的、优雅的环境。）

金和莫博涅认为，企业应该将注意力从竞争对手那里转移到可替代的选项上来，还应该减少对客户的关注，而增加对非客户群体，或者说是潜在客户群的关注。

《蓝海战略》一书卖出了超过100万册。明星通信公司（Brightstar Communications）的首席执行官马塞洛·克劳瑞（Marcelo Claure）向我们推荐了这部书，说这部书在他读过的商业类书籍中对他"最有价值"。他说："教育自己要不断跳出定式去思考，制定新的战略。即使有些会失败，但这仍然是所有首席执行官都应该做的事。"

战略制定

如何才能为自己的组织制定一个战略呢？听从孙子、波特、金和莫博涅的指导当然没有错，但是为了更简便，我们在这里提供一个"五步法"：

- 向外看：评估组织所处的环境。在你的领域里谁是另外一个玩家？还有谁可能会加入？你们共同面对的情况是怎样的？何处还有可以利用的机会，何处又潜藏着风险？
- 向内看：评估组织的优势和劣势。你有哪些可利用和调动的资源？你的组织有什么能力，还能获得什么能力？你们内在的竞争优势是什么？

- 确认多方面的威胁和机会。在制定战略计划的过程中，看到所有可能的选项，而不是紧盯着一个是非常重要的。最终，这个仔细分析比较的过程会有助于你做出最明智的选择。

- 评估这一策略对组织内各个部分的效果。即使规模最小的组织，也可能受限于其组织的复杂性。在确定一个战略之前，需要保证你已经完全了解了它对组织各个方面会产生怎样的影响。

- 创造内部同盟。这点很关键。你需要保证组织里的每个人理解这一策略，理解他们自己在这一战略中的角色，并与之保持一致。在第一步到第四步，你应该让尽可能多的人参与进来，不仅是为了利用大家的经验和知识，也有助于保证在选好新的战略后，能够得到大家认同。

那么要多久更换一次策略呢？

如果团队的战略被发现是短命的——会随着高层管理者的心血来潮而变换——那团队成员对于战略的认同和投入也将是短暂的。

但是，如果一个战略已经明明白白地失败了，你却不愿意承认错误，那么当环境需要你改变时，注定要走上像西尔斯百货一样不幸的道路。

对于一个娴熟的管理者，战略中需要带一点套路。你必须展示出对战略的坚定认可，这样才能将其他人团结在这一战略周围。同时，当环境变化时，你必须主动对战略进行个人思考，不要让情绪或对于承认错误的恐惧将你困在一条注定失败的道路上。一个务实的领导者，必须具备两方面的素质，既要有坚定的决心，也要对新的思想和信息保持开放的心态。

彼得·德鲁克建议了这样一个规则："每三年，一个企业必须对每一项产品、每一项服务、每一条政策、每一条分销渠道，问这样一个问题：如果我们没有身在其中，我们现在会不会想要加入？"

在《只有偏执狂才能生存》一书中，安迪·格鲁夫讲了这样一个故事：在担任英特尔首席运营官时，有一天他走进了首席执行官戈登·摩尔的办公室，问了摩尔一个问题："如果我们被取而代之，一个新的管理层应该做什么呢？"他得到的答案非常清晰：脱离存储芯片制造业，这已经是一个日用品行业了，把注意力放在微处理器上。这在当时几乎是想也不敢想的，因为英特尔认为自己当时是存储芯片行业的龙头老大。但通过转向微处理器行业，格鲁夫和摩尔为英特尔开创了一条新的道路，使之繁荣发展了几十年。

设定目标

当战略制定完成，你就可以把注意力放在为团队和团队中每一个成员设定目标上了。

在这个过程中，你的角色非常重要。在很多情况下，你也许不得不接受上级组织交给你的任务，或者你不得不执行其他人已经制定好的策略，但是设立目标，是每个管理者工作中的重要一环。你的团队需要一个清晰的目标，以及为实现目标制定的清晰时间表。团队中的每一名成员都需要一系列自己的个人目标，并有清晰的截止日期和目标期限。

应该让尽可能多的人参与到目标制定的过程中来。这样有两个作用：第一，了解团队成员的专业能力和知识储备；第二，在目标确认后，有助于提高团队成员对目标的认可度。

当然有时候，在设立目标时也不能纳入太多的人。比如，当你想要改变一种根深蒂固的文化，而且没有足够的时间去完成这种改变时，那么你可以选择从上到下去推行你的目标。但当条件允许时，自下而上地设立目标能带来更好的长期效应。个人目标应由管理者和个人磋商确定。

我们的建议是，每六个月一次，把组织的目标、每个组织单元和个人的目标清晰地写下来。为达到预期效果，这些目标需要满足以下要求：

- 清晰简洁。避免模糊不清和言语啰唆。
- 得到所有重要人物的认可。如果团队中的成员认为他们的目标是个花架子或者微不足道，他们也会如此行事。
- 可量化考核。管理学格言"无考核不管理"能长盛不衰，是因为它说的是实情。很多工作很难实现量化考核，但是虽然很难，仍然很值得努力去做到。

- 订立时间表。只要有可能，目标都要有一个固定的最后期限。如果无法规定最后期限，至少有一个清晰的时间表。没有时间限制的目标，等于没有目标。
- 有挑战性，但能实现。这是一个巧妙的花招。你想要设立的目标，既要让人使出全力，但是同时也要能够实现。如果目标定得太高，将会让人感到沮丧和畏缩；如果定得太低，则会助长平庸的作风。
- 有相应的回报体系做支撑。如果一个人的目标是提高产品质量，却按照产量取得报酬，那么该目标被忽视就没什么好奇怪的。如果目标是提高团队的合作能力，却根据个人的努力程度对员工单独表扬，那么这样的目标一样会被无视。

换句话说，把目标写在纸上，是创建一个高效能团队的必要条件，但不是充要条件。这些目标还需要得到企业文化和整个组织的行动支持。

战略要与执行相结合

罗伯特·卡普兰（Robert Kaplan）和大卫·诺顿（David Norton）在他们所著的《战略中心型组织》（*The Strategy-Focused Organization*）一书中，引用证据称，新战略的失败比例为"70%到90%"。

如果证据属实的话，那这个数字太惊人了。

为什么精心制定的战略会失败呢？

卡普兰和诺顿指出，其中一个原因是衡量战略的工具没有跟上发展的节奏。在工业经济时代，企业靠有形资产创造价值——工厂、设备、煤炭和钢铁等物料投入。而大多数财务衡量方法（见本书第九章"财务知识"）也是基于有形资产的。

但在当今的经济环境下，价值往往来自无形资产：客户关系、创新性的产品和服务、信息科技和数据库、品牌知名度、员工的才能和激励手段等。而这些并不会在收益表或资产负债表中清晰地呈现出来。结果就是，在制定预算和计划过程中，它们没有被完全计入。正如我们将在下一章讨论的，没有被计量的部分也往往没有被纳入管理之中。

因此，战略得以成功实施的第一步就是采用罗伯特·卡普兰和大卫·诺顿发明的"平衡计分卡"（balanced scorecard）。它关注于战略中最重要的目标，并用于开发实现目标的全过程中的测量工具。在将战略转化为有意义的经营条款过程中，这些工具将成为必需的钥匙。

一旦测量工具到位，在整个组织中完成对战略关键任务的沟通，以及将个人表现与战略统一起来都将变得更加容易。组织中的每个人，都应有一系列能够映射到组织战略上的清晰目标，并应该明白他们自己在战略中的具体作用。对个人的考核和激励也应该围绕着这些战略目标进行。这样一来，战略就成为每个人日常工作的一部分。

卡普兰和诺顿讲述了美孚石油的案例，这家公司成功完成了在加油站向客户提供高质量服务和消费体验的公司转型。为实现这一转变，公司需要得到大量独立加油站经营者的认可。于是运送油品的卡车司机被告知，他们工作内容的一部分，也是考核和发薪的依据之一，就是让加油站经营者感到满意和开心。因为他们充分理解了这一战略，所以当他们发现某个加油站的卫生间不干净或者照明灯损坏等可能会破坏公司新战略的情况时，卡车司机们会向公司反馈。

根本上来说，一个成功的战略不能"三年一换"，而应该成为一个持续的过程。战略应该体现在预算制定、经营结果审计、分析和信息体系等各个方面。并且，还要开展"战略学习"，让组织可以看到战略在实际中的运行情况。

最后，执行，也是我们在下一章要讨论的主题，与战略必须是相辅相成的。

本章要点：

- 管理者必须知道他们的最终目标，并有实现目标的清晰计划。如果你所做的一切都是对他人要求和需求的反应，那么你将会失败。

- 在制定战略时，你应该对各方面的威胁和机会进行确认。如果你过快地认定了一条道路，那么你非常可能错过了最好的那一条。

- 组织中的每一个成员都需要有一系列清晰的、可测量的目标，并且有相应的执行时间表。

延伸阅读：

《孙子兵法》(*The Art of War*)，孙子著。

香巴拉出版社 (Shambhala)，1998 年出版。永远值得一读的经典。

《顶尖公司的 101 条使命宣言》(*101 Mission Statements from Top Companies*)，杰夫里·亚伯拉罕斯著。

十倍速出版社 (Ten Speed Press)，2007 年出版。这本小册子收录的例子有好坏两种，可以为尝试写作使命宣言的你提供一些有用的指导。

《竞争战略》（*Competitive Strategy*），迈克尔·波特著。

自由出版社（Free Press），1980 年出版。本书至今仍被认为是有史以来最重要的商业类著作。

《蓝海战略》（*Blue Ocean Strategy*），W. 钱·金和勒妮·莫博涅著。

哈佛商业评论出版社（Harvard Business Review Press），2005 年出版。对于那些认为波特的著作已经不能适应当下快速变化的行业环境的人来说，本书提供了另一种思路。

《战略就是命运》（*Strategy Is Destiny*），罗伯特·伯格曼与安迪·S.格鲁夫著。

自由出版社（Free Press），2001 年出版。作者之一的伯格曼是我最喜爱的斯坦福大学教授，本书关注的是战略执行的问题。

《战略中心型组织》（*The Strategy-Focused Organization*），罗伯特·卡普兰与大卫·诺顿著。

哈佛商业评论出版社（Harvard Business Review Press），2001 年出版。本书对如何使用测量工具"平衡计分表"将战略和执行工作结合在一起进行了详尽的研究。

给忙碌者的极简管理学
The Wall Street Journal Essential Guide to Management

第六章　执　行

我经常走进会议室，问大家："好的，谁主持今天的会议？"有时候没人回答，于是我就指定一个人，说："那好，今天由你来主持，先花上两三分钟定个日程。"

　　这使得他们必须快速思考，快速地将议题排序，每个人都会打起精神来，因为他们不知道什么时候我会走进会议室，说："嘿，今天你来主持会议。"

——T. 布恩·皮肯斯（T. Boone Pickens）

BP 资本管理公司创始人

摘自《华尔街日报》"领导力课堂"系列视频访谈

正确的战略和好的战略执行，哪个更重要呢？

这是一个近年来在商业研究领域受到广泛争论的问题。随着"战略"成为商学院研究的重要课题和公司领导者关注的焦点，这一争论也应运而生。批评家认为对于战略的关注，使得很多公司管理者在学术问题、绘制公司发展路线方面花费了太多时间，而俯下身来深入组织内部的时间则太少。并且研究显示，在执行过程中失败的战略比成功的多得多。

联信公司（AlliedSignal）前首席执行官拉里·博西迪（Larry Bossidy）和管理咨询专家拉姆·查兰（Ram Charan）在 2002 年出版的《执行》（*Execution*）一书中写道："很多人认为执行细节工作有失管理者的身份，这是错的。事实恰恰相反，这才是领导者最重要的工作。"

博西迪，曾在通用电气担任过执行官，他说在 1991 年接管联信公司时，这家公司"有很多工作勤奋、头脑聪明的人，但是他们的效率却不高，而且他们没有把'完成'放在首要位置"。他说，前任首席执行官将自己的工作看作"买卖业务"，而不是建立自己公司的核心业务。

博西迪到来之后，制定了"执行的纪律"。在随后8年中，该公司的营业收入达到了原来的3倍，而股东回报增加了9倍。其他的首席执行官们，正如查兰所说，"过于强调高层战略，强调知识和哲学，而没有给予执行足够的关注"。博西迪是反其道而行之。

我们请《华尔街日报》首席执行官委员会的会员们发表对这一争论的看法，即对于一名首席执行官，执行和战略哪一个更重要？我们得到了一系列有意思的答案。

"如果必须说哪一个更重要的话，我选战略，"时代华纳的首席执行官杰夫·比克斯说，"对一个伟大战略的平庸执行，经常要比对一个平庸战略的优秀执行赚得多。"其他几位首席执行官认为，执行工作比较容易委派给底层的雇员，而战略必须由首席执行官制定。"最终，很多人可以被委以执行责任。"佛罗里达电力照明公司（FPL Energy）的首席执行官李维斯·汉（Lewis Hay）说。

但是在委员会会员中，有多少位认为战略更重要的人，就有多少位选择了执行更重要。

"执行——比战略重要太多了，"翰威特咨询公司（Hewitt Associates, Inc.）首席执行官拉塞尔·法拉第（Russell Fradin）说，"如果必须要排个顺序，我得说天平是偏向执行那边的。"安永集团（Ernst & Young Global Limited）首席执行官吉姆·特利（Jim Turley）也说："如果两个中必须要选一个的话，我选执行。"德美利证券公司（TD Ameritrade）首席执行官弗莱德·托姆丘克（Fred Tomczyk）则认为，"如果不能被执行，那么战略就什么都不是。"

在本书中，我们的观点是两者是密不可分的。优秀的战略没有良好的执行是没有意义的；而如果没有正确的战略，再好的执行也没有方向。莫瑞斯·张（Morris Chang），台湾半导体制造公司（Taiwan Semiconductor Manufacturing Company）的首席执行官，对此做了最好的描述："战略和执行对于一个首席执行官来说同等重要。没有战略，执行就没有目标；没有执行，战略就是纸上谈兵。"

归根结底，战略和执行应该同时存在于同一进程中。"你不能将两者割裂开来。"WPP 传媒集团的马丁·索雷尔（Martin Sorrell）说。

一家公司尝试将战略与执行相分离，并最终导致失败，对此有一个很好的案例，那就是波音公司。在 1997 年，波音和麦道（McDonnell-Douglas Corporation）合并之后，麦道公司的哈里·斯通塞弗（Harry Stonecipher）成为合并后的新公司的董事会主席兼首席运营官，首席执行官仍由菲尔·康迪特（Phil Condit）担任。

当《华尔街日报》的记者杰夫·科尔（Jeff Cole）问到两个人中谁是真正的负责人时，康迪特先生是这样回答的：

"哈里的职位是首席运营官，也就是决定我们如何做的问题。我的职位是首席执行官，也就是决定我们去哪儿的问题。"

但是科尔发现，实际情况并不是如此。哈里的无情和强硬让很多波音公司的老员工心生怨恨。这些人仍然将菲尔视为他们的守护者。双方斗争不断，甚至菲尔也承认有"哈里和其队伍 VS. 菲尔和其队伍"的看法。结果就是波音不断地犯错。一项 1999 年的调查显示，波音公司正在进行的变革对于公司保持竞争力是否有必要，对此甚至该公司自己的员工其信心也严重不足。

很多其他案例也强化了这一点，那就是制定战略的人应该也是领导执行工作的人。如果"战略"是决定了要做的事，那执行就是如何让这些事发生。这两者不能被分开。

成功的执行首先需要满足的三个要求是与前文讨论过的制定使命、战略和目标的过程直接关联的。为建立一个强大的执行文化，需要：（1）组织中的每个人都有清晰的目标支撑整体的战略；（2）在实现目标的过程中有规律地进行考评的方法；（3）在执行过程中有清晰的责任制。这是基础条件。

除此之外，优秀的执行需要始终面对现实。能够执行得很好的组织是那些能够持续地盯住现实的组织。它们不会花很多时间在理想化的想法上，或者为未来的问题做准备，或者是鼓吹好消息、隐瞒坏消息。在一个执行力很强的公司中，管理者会不断地要求组织去面对现实、处理现实问题。

判断组织是否具有强大的执行文化，并不需要你有一个 MBA 学位，因为其现象是很明显的。全程参加一两场管理层会议，你很快就能掌握真实情况。

如果会上全是长时间的 PPT 报告，报告的目的就是展示报告者的成绩；如果会上的其他人从头到尾都安静地坐着，因为他们知道很快就轮到自己做报告，所以不问问题也不挑毛病；如果每个人离开会议室时，对于下一步要做的事没有明确的认识——这样你就可以为他们担心一下了。这些都是纵容低效能的企业文化的特点。

另外一方面，如果会上的报告简短扼要，如果报告人清晰点明了成绩和失败、机会和风险，如果其他人能自由地对报告进行提问和辩论，如果会议室里的每个人对于目标和时间表都有共识，如果每个人在会议结束后对于需要完成的工作和负责人都有明确的认知，那么你则见证了一个强大的执行文化。

很有意思的是，公司文化不是从会议室里的高层管理者身上体现出来的。如果说一位管理者在一个冗长的没人批评也没人提问的报告期间一直保持沉默是他的失职的话，那么如果一个管理者的提问或建议的目标让参会者都大吃一惊的话，他也是失职的。

但如果报告人进行基于实际的批评时，管理者安静地聆听；其他人自由地加入辩论；并且会后每个人对于目标、时间表和下一步工作都有清晰认识，那么说明管理者履行了责任。他已经创建了一种可以自我管理的成功的执行文化。

博西迪和查兰坚持认为，创建这样一种文化是一位管理者最应关注的问题。

只有领导者能够确定一个组织内对话方式的基调。对话方式是文化的核心，也是工作的基本单元。人与人之间如何对话决定了组织功能是否良好。对话方式是否是僵化的、政治化的、碎片化的，或是不对等的？或者是直率的、基于现实的、能够提出正确的问题并进行讨论，最终找到现实可行的解决方案的？如果是前者，在很多公司里都是这样——真实情况永远不会浮出水面。如果想要成为后者，则领导者必须与他的团队一起努力，持续有力地推进。

文化，是一个复杂的概念。不同的人对它的理解也不一样。但基于本章的写作目的，我们将其提炼为两个概念，相信这两个概念对于建设一个成功的组织至关重要：（1）行动的文化；（2）诚实的文化。

创建行动的文化

与在自然界一样，组织内的惰性也同样强大。静止的事物有保持其原有状态的趋势。这一物理原理的推论之一是：阻止正在发生的事情比让一件事发生更加容易。

我们都在工作中见证过这一原理。一个人走进来，兴奋地提出了一个新的想法，这时候另一个人开始挑毛病——"这不是我们做事的风格。""我们没有足够的资源做这件事。""我们之前已经试过了。"最后最有可能的结果就是：什么变化都没有。

这也就是为什么创造成功的执行文化的关键一步是创造对行动的偏好。那些推进事情发生的人应该得到表扬和奖励。那些不愿意改变的人要么在接受指导后愿意改变，要么被淘汰。不要对失败过度惩罚。只有人们不怕犯错，才有勇气去大胆行动。

在《追求卓越》一书中，托马斯·彼得斯和罗伯特·沃特曼将

"对行动的偏爱"列在了卓越和创新性公司的八个特征的首位。在他们研究过的公司中，"很多公司在做决策的过程中非常善于分析，但是并没有被分析过程所耽搁（很多平庸的公司似乎被分析过程耽误了）"。在一些其他公司中，标准的操作流程是："先做起来，解决问题，再试一次。"

彼得斯和沃特曼批评大多数公司，"过分依赖于不切实际、空中楼阁一样的分析，过分依赖金融手法，这些工具看起来降低了风险，但不幸的是，阻止了行动。"他们谈到了"因分析而瘫痪"的问题——其中一部分原因是商学院文化。商学院教会了管理者研究、解释、分析问题的工具，却常常没能教给他们将学问转化为行动的领导技能。他们写道：

> 大公司似乎在鼓励大型实验室一样的运营方式，生产出大量的论文和专利，却很少推出新产品。这些公司被各种各样相互关联的委员会和任务部门所围绕，使其失去了创造性，也阻碍了其行动。管理工作脱离实际，管理人员从来没有制作、售卖、试用过产品，有时候甚至从来没有见过产品实物，对产品的了解完全来自干巴巴的报告。

如何才能培养对行动的偏爱呢？在大型组织中，一般需要绕开官僚体制。与其将新的产品创意交给公司规划人员或将任务委派给已经不堪重负的产品经理，最好的那些公司选择组成流动的临时项目团队、任务小组、项目中心或是科研基地来完成这些工作。

在第七章中，我们将对跨部门团队的动力学进行探讨。我们在这儿不过是要说，重点是鼓励实验。一个厌恶风险的团队，在采取行动之前，会将一项新产品或新服务研究到极致。因此不如换一种方式，鼓励团队找到一种以较低成本对新概念进行测试的方式。预备，发射，命中！

创建一种诚实的文化

在管理学领域，并没有什么真正的高招。但是在所有我们知道的理念中，坚持诚实几乎可以算是一把万能钥匙。有很多不同的词说的都是同一个意思——透明度、正直、充分披露、面对现实等——但是不管你管它叫什么，在所有伟大组织中它们都处在中心位置。

原因在于，组织和人一样，在编造对自己有利的故事方面的能力是无穷的。尽管这种编故事的行为对于一个人或一个组织的生存、激励和自尊非常重要，但其结果往往是破坏性的。

柯林斯称其为"斯托克代尔悖论"（Stockdale Paradox）。在美越战争期间，吉姆·斯托克代尔将军在"河内希尔顿"战俘营遭到多次拷打。当柯林斯问他，他是如何从长时间的折磨中幸存下来的，斯托克代尔回答说，因为他从来没有失去过一定会走出战俘营的信念。但是，当被问到那些死在战俘营中的人为什么没能活下来时，他回答说，死掉的都是"乐观主义者"——那些错误地认为自己能在哪天之前被释放的人。

"这是非常重要的一课，"斯托克代尔告诉柯林斯，"放弃了自己最终会胜利的信念，其结果是不可承受的；但也永远不要把这种信念和直面残酷现实的铁律相混淆，不管你的境遇糟糕成什么样子。"

卓越的组织也展现出类似的悖论。这些组织中的人，当然确信能看到组织取得成功，不管其概率有多大，但他们也会同样无限诚实地面对遇到的阻碍。

创建一个诚实的组织，第一步就是保证信息的自由流通。这并不意味着每个人都要知道所有的事，而是意味着关键的信息必须要让正确的人以正当的理由知道。沃伦·本尼斯（Warren Bennis）、丹尼尔·戈尔曼（Daniel Goleman）、詹姆斯·奥图尔（James O'Toole）和帕特里夏·沃德·比德曼（Patricia Ward Biederman）合作的著作《透明：让一切变得简单、坦诚》（*Transparency: How Leaders Create a Culture of Candor*）中说："对于任何机构来说，信息流动都与中枢神经系统相似。组织的效能完全依赖于它。它是一个组织参与竞争、解决问题、创新、迎接挑战、达成目标的能力，如果你愿意，也可以称之为组织的智慧，其水平会因为组织内信息流动的健康水平而不同。"

在组织内部信息流动受阻的原因有很多。最常见的一个问题是很难对"掌权者"说出真相。在向上司汇报时，大部分人不可避免地会对信息进行粉饰——将坏消息描述得轻一点，或者委婉地用更有可能取悦上司的方式说出来。这种现象会造成上司对问题的理解障碍。

另外一个问题是，管理者倾向于把"秘而不宣"作为一种权威的来源。如果他知道，而别人不知道，他就可以否认消息的存在，或者选择性地使用这些消息达成自己的目的。

沉没成本是人们阻碍信息流动的另一个原因。在已经对某个项目进行了巨大投入的情况下，人们可能不太情愿将项目有问题、即将失败，或者这项投资是个错误的消息公布出去。

要克服这些非常自然的人性，管理者必须时刻坚持诚实。他们必须要从尽可能多的人那里获知尽可能多的情况。他们必须得接受，甚至是欢迎传递到他们面前的那些令人烦恼的信息，并表扬那些有勇气将不愉快的信息暴露出来的人。他们必须要设计和建设一个体系保证有用的信息能传递给那些需要它们的人。并且，他们得清楚地表明，他们对连续不断的"八卦广播"不感兴趣。

应该避免"微观管理"吗？

上文中，我们说到一个执行的文化需要管理者介入组织细部。但是，到了哪一个临界点，这种对细节的关注就会变成令人讨厌的"微观管理"呢？或者，反过来说，如何才能让你对微观管理的担忧，不妨碍到你对执行细节的关注呢？

这里也没有一个简单的答案。作为一个管理者，你需要信任你的下属会去完成你交给他们的任务。如果他们感觉到你总是在身后看着他们，他们将不可避免地感到泄气，感到毫无自主权，表现也会变得很差。如果你发现上司在每一个需要你作出决策的时刻都再三质疑，你也很难作出决断和创新。

与此同时，你需要了解组织内部正在发生什么，需要确保目标按时完成，在目标没能按时完成时立刻采取行动。

最后，回答这一难解的谜题，需要对前两章讨论的原则进行持续地实践。我们这里简单回顾一下：

- 与你的下属一起，共同设立具体目标，使整个团队对于需要完成的工作及相关细节有清晰统一的认识。
- 确保这些目标是可实现、可测量的，并在工作过程中，对下属进行定期考核。
- 坚持行动的文化——而不是迟钝的、官僚化的、明哲保身的过度分析。
- 坚持诚实的文化——这样你和你的下属才能知道哪些工作运行正常，哪些没有，结果如何。确保信息流上下通畅。

如果你能做到以上这些，那么"微观管理"的难题也就不会发生。了解组织中正在发生什么，会让你很有自信；组织中的所有人也都知道自己应该怎样做，才能避免被上司质疑。

- 执行和战略是不可分割的。没有战略，执行就没有目标；没有执行，战略就毫无用处。
- 建立执行的文化，需要：（1）每个人都有清晰的目标；（2）对实现目标过程的考评方法；（3）过程要有人负责。

延伸阅读：

《执行》（*Execution*），拉里·博西迪、拉姆·查兰著。

皇冠商业出版社（Crown Business），2002 年出版。博西迪朴实无华的风格，结合查兰的分析，使本书成为关于这一话题最受欢迎，也最有影响力的著作。

《透明：让一切变得简单、坦诚》（*Transparency: How Leaders Create a Culture of Candor*），沃伦·本尼斯、丹尼尔·戈尔曼、詹姆斯·奥图尔、帕特里夏·沃德·比德曼著。

乔西·巴斯出版社（Jossey Bass），2008 年出版。创造出一种诚实的文化，基本上等于找到了商业管理的金钥匙。

《追求卓越》（*In Search of Excellence*），托马斯·J.彼得斯与小罗伯特·H.沃特曼著。

哈珀和罗出版社（Harper & Row），1982 年出版。一部经典著作，略为过时，但仍值得一读。

《一分钟经理人》（*The One Minute Manager*），肯·布兰佳（Ken Blanchard）与斯宾塞·约翰逊（Spencer Johnson）著。

威廉·莫罗出版社（William Morrow and Company），1981 年出版。如果你想找一条捷径来了解管理学的相关知识，这本书是很好的选择。

第七章　团　队

黑莓的用户界面——黑莓手机简单、灵敏，使你能轻松便捷地使用很多复杂功能的原因。整个界面，是由一个委员会制作出来的。不管你信不信，它是由一个我担任领导超过 10 年的委员会制作出来的。这个委员会不只是由高层管理人员构成，其中还有学生、实习人员、开发人员、科技作家、平面艺术家等。而且它是在变化的。我们会根据需要解决的问题动态调整委员会的人员结构……这是我们建立起的一种文化。

——迈克·拉扎里迪斯（Mike lazaridis）

RIM（Research in Motion）联合首席执行官

摘自《华尔街日报》"领导力课堂"系列视频访谈

20 年前，当赖利·坦南特（Riley Tennat）刚刚开始担任软件测试经理时，员工组织工作还相当简单。"你决定了怎样做，人们就会各自去执行。"她说。

但是近来情况不一样了。坦南特在 IBM 负责管理为金融服务业、政府机构、健康卫生中心等特定行业定制数据库的工程师。她有 4 名程序员在美国，直接向她汇报；还有另外 3 名程序员在中国和印度，但是他们是向各自国家的经理直接汇报的。

在接管这项工作之后，她认为在金融服务方面的工作人员太多，而在政府和医疗机构方面的工作人员不足。但是要调整资源，她需要说服远在数千公里之外的同事配合她的计划。开始，因为担心当地的金融类客户流失，海外的经理们很抗拒。在坦南特保证在需要时会协调其他工程师为这些客户服务后，他们才同意了她的计划。

这几天，坦南特告诉我在《华尔街日报》的同事艾琳·怀特（Erin White）："在不是每个人都向你汇报的情况下，需要更多的沟通，也会受到多方面的影响。"

类似坦南特遇到的这类挑战，现在越来越普遍。在对中层管理者的研究中，保罗·奥斯特曼（Paul Osterman）发现"当代团队工作更关注如何推动任务完成"。在一个复杂的世界中，团队将具有不同技能的人聚合到一起解决复杂的问题——这些人经常来自世界的不同地点，或者来自组织的不同部门。

"在我刚进公司时，在很多项目中，一个工程师就可以独立交付一个产品，或至少是产品的硬件部分。但是我觉得将来在公司中可能不会再看到这种现象了。"一名在科技公司工作的经理这样对奥斯特曼说。

这种变化背后的原因有很多。科技变化的加速迫使企业组建起跨部门的团队，以同时处理多个任务，而不再像从前那样一个一个进行处理了。产品和服务也日益复杂，意味着每项任务都需要来自更多领域的知识和专家。而对于生产效率的强调，也对这种团队的产生起到了促进作用，企业用这种方法更有效率地使用员工，减少冗员和怠工。而全球化的趋势也增加了将世界不同地点的工作人员汇聚到一起完成某个项目的需求。

但是这种团队流行起来也是因为其效果良好。想一想我们在本书中谈及的主要挑战：怎样激励人们全力以赴？怎样让他们对工作更加认可和投入？怎样利用员工的专长和知识帮助你做最好的决策？一个功能良好的团队是对这些问题最好的回答。

此外，此类团队可以成为避免官僚主义的有力工具。建立起一个最好的团队，承担一项特别的挑战，并限时解决，之后团队解散。团队里没有固定成员，没有持续的工作，团队也没有内部程序和为保证组织存续造成的内耗。

这种团队也颠覆了传统的管理理念。20世纪的管理理论是建立在管理者对直接向他汇报的一群人进行监督的基础上的，他能够控制员工的报酬，而在考虑了所有情况之后，在必要时还能解雇员工。但是，在跨部门的团队中，管理者经常会发现他们没有了这些独裁的工具。

在本书中，我们一直在说，现代管理工作不仅需要组织技能，还需要领导技能；管理者的权威不仅仅来自他们的职务，还来自他们给工作赋予意义的能力；一个管理者的最终成功，不仅在于告诉员工做什么，还在于你能让员工乐于去做。

合作的兴起将这种发展趋势更推进了一步。如果你管理着一个团队，团队中的成员不是直接向你汇报，那么如果你想完成任何工作，本书中列出的工作方法就不再只是个好主意，而是成了必需品。你对他人的影响力意味着一切。

如果你已经工作了几年，很可能你已经领会到了这一点。在某个工作岗位上，你可能曾经被要求参加一个跨部门的团队，或者你能否成功取决于你能否得到另外一个部门同事的配合，或者你有一个绝妙的创意，但需要得到上司的支持。在所有这些情况下，你都需要依赖于影响他人——影响那些你没有任何管理权的人。

事实上，在没有正式管理权的情况下完成工作，已经成为当今职场最受推崇的技能。最有价值的管理者不是在组织机构图上那些下属最多的人，而是那些能够团结不同类别的工作人员共同从事一项事业的人，是那些可以与同事们一起为了一个共同目标而努力的人。

如何才能做到呢？本书第二章和第三章所讨论的领导力和激励技能就是答案的核心。你需要理解怎样做才能对正在与你一起工作的人产生激励，并能够创造一个可以满足他们需求的工作环境。

此外，还有越来越多的商业类书籍就如何管理团队、如何影响非直系下属，为读者提供更加详细的指南；也有很多公司，比如IBM，开始为自己的管理者们提供影响力技能培训。

影响共事者

要牢记，职场就是一个市场。你付出劳动，回报是报酬、津贴和工作满意度。你付出额外的努力和创造力，得到上司的表扬、新的职业方向、工作成就感或者职位提升。

跨部门的团队也没有什么不同，只有管理者除外，因为你缺少了一些交易筹码——你不再能直接影响一个员工的薪酬或者给他们升职的机会。所以，管理者必须找到其他能够提供给团队成员的东西，以换取他们在项目中的合作。

对于新的管理者，你可以向员工提供工作的意义，这是最重要也是最便宜的筹码。正如在第三章中讨论的，大部分当代社会人会在工作中寻求满足感。如果你能向他们展示手中的工作对于你们的团队、你们的组织，或对于社会有更重大的意义，你就能鼓舞他们参与其中。人们愿意加入有意义的项目，他们愿意和追求卓越的人一起工作。如果你能提供激动人心的愿景，你会发现人们将积极地想要加入。

此外，你还应该考虑到你想招募的每个人的不同需求。他们需要新的资源吗？也许你掌控着预算、人力，或者他们需要的工作空间；他们想要拓展他们的经验范围吗？也许你可以给他们提供提升技能的机会；他们在为完成其他任务寻求组织内的支持吗？也许你可以用他们想要的换取他们与你的合作。

还有，即使你不能直接控制他们在组织内的薪酬和升职机会，但你可以影响其结果。你可以公开赞扬一项做得很好的工作，从而在组织内部增加员工的美誉度。你可以推荐他们晋升或加薪，确保让他人了解他们的贡献。

最后，不要忽略了，还有很多个人的筹码。为了自己喜欢的人，人们工作会更努力。他们需要支持、接受、包容、理解以及友谊，对别人的欣赏会心存感激。在职场中，人际关系从来都很重要；但是，在没有权力的情况下想要体现影响力时，人际关系就不仅仅是很重要，而是变得很关键了。在午餐室、在饮水机前、在工作之余的啤酒杯旁，经营人际关系所花费的时间，并没有被浪费，最终也许会回报给你最有价值的筹码。

本章到这里，我们一直在谈论正向交易——回报、效果、鼓励合作。但是，不管你怎么努力，你肯定会遇到一些就是不肯合作的员工。在这种情况下，也许你可以采用一种不同的方法和强硬的态度增加不合作的成本。

你可以向他们的上司，或者是上司的上司投诉；或者请其他人对他施压。当然，这些负向的手段只能作为最后的选择，因为它们可能会进一步强化这些员工的抗拒心理。

在极端情况下，有时候你可能会不得不冒失去工作的风险。艾伦·R. 科恩（Allan R. Cohen）和大卫·L. 布拉德福德（David L. Bradford）在《提升影响力》（*Influence without Authority*）一书中，引用了唐娜·杜宾斯基（Donna Dubinsky）的例子。她担任过 Handspring, Inc. 和 Palm, Inc. 的首席执行官，但故事发生时，她还在苹果公司工作。当时，包括苹果创始人史蒂夫·乔布斯（Steve Jobs）在内的很多执行官都向她施压，要求她采用一种"实时"存货清单系统，但她确定这一系统并不适合苹果公司的商业模式。她告诉公司的执行官们，如果关于这件事她不能独立决策，那她就辞职。最终，苹果的董事长约翰·斯卡利（John Sculley）同意了她的要求。

无疑，这样以辞职为威胁的手法不能常用。但有些时候，这种经过斟酌的对抗是唯一能够达到目的的手段。

什么时候使用一个团队？

在你需要调用一组原本不在一处或不在一个组织中的人，利用他们的技能和创造力解决一个挑战性问题时，团队是最有价值的。

当然，没有一个通用方法适用于所有跨部门挑战。建设一个运作良好的团队，可能会经过一个缓慢、低效、耗时的过程。当你接手的任务十分明确，并且时间紧急时，你最好采用传统的、单领导者的方式——给一个人赋予权力，筹划工作、分配任务，然后将工作完成。

但是，如果工作任务不是特别清晰，同时你想利用来自不同部门和不同学科的人的集体技能和创造力从而找到最佳解决方案时，那么创建一个团队可能是合适的选择。

第一步是对挑战进行解释。这一工作应尽量清楚和具体，让团队中的每个人都能理解，有热情并愿意投入其中。同时，必须给予团队成员充分的创新空间。如果你集合了一个团队来解决问题，之后又自己列出了解决问题的大纲，那你可能一开始就不应该创建团队。

团队的挑战应该集中于一个具体的结果——例如，夺回失去的青少年市场，开发一个具有吸引力的手机服务新页面，解决一个棘手的供应链问题等。团队的产品不应该是那种官僚体制下的产物，如一篇长长的关于青少年市场流失原因的报告。要牢记，作为一个管理者的挑战是为人们创造意义。如果团队的挑战确实是有意义的，那你就已经过了第一关。

团队建设

当然，下一步就是要确保将合适的人纳入团队中。

队伍的规模很重要，人类具体应该依据具体情况而定，人员不宜过多，否则容易造成混乱，也不能太少，以保障不遗漏关键的视角。但在一般情况下，上限大约在 10 到 12 人，超过这个数字就不太好操作了。

团队中每个成员都应有一定的权力，但又不能太多，这一点也很重要。如果团队的成员在组织中的层级太高，那他们有可能会觉得参与项目是浪费时间。但如果他们在组织中的层级太低，那他们也有可能没有足够的权限保证项目的成功。如果非得在两种情况下选一种，那么宁可选层级高一点的人，因为权限不够更容易导致项目失败。

最终，每个团队成员都准备好了为项目作出重要而积极的贡献，这非常关键。一个常见的问题是，成员同意进入该团队是因为他们感觉自己"有资格"参加这些项目，而不是因为他们需要或想要加入。更具有破坏性的是那些出于防卫心理参加到项目中的人——他们只是想确保这一团队选择的路线不会对另外一个项目产生损害。

还要记住——团队会占用时间，有工作任务。一个人可以同时参与到两个，甚至是三个团队中，但如果更多可能就会应接不暇了。他们需要保证能够为这项挑战贡献足够多的时间。

团队领导者的角色

一个团队成功的关键在于共同的责任感。团队的成员需要能感觉到团队的成败都是属于团队整体的——而不是担忧团队中的某个人——特别是团队的领导者——将整个团队的功绩都算在自己头上。

这让团队领导者的角色很有挑战性。作为领导者，你需要花费大量时间确保团队文化的健康。团队建设活动有助于实现这一目的，虽然这些活动有时可能会滑向愚蠢的极端。开展团队建设活动的前提是你在团队中没有任何权威；如果你有一定的权威，在这一问题上要万分小心，因为不当的团队建设活动可能会削弱团队的精气神。

当然，团队的领导者手中还掌握着一套重要的影响力工具，关键原因在于，他们控制着过程。过程就是力量。

领导者的工作首先应该从编制项目详细计划开始。比如，团队要的挑战是什么？项目属于什么范围？项目的效益是什么？项目具体要实现什么目标，有没有时间表？项目对其他的项目有没有从属性？项目的高层风险和其他重要的事项是什么？

这些问题不应该只由你一个人来回答，而是应该由整个团队回答。但是，作为团队的领导者，你的位置需要你确保这些问题从一开始就找到答案。只有这样，你才能确定团队所有成员对你们的目标达成了一致意见。

之后，需要仔细描述每个人的具体责任。确保每个人对具体职责和时间表都签字认可，还要确保对职责和时间表的描述清晰明了。作为一个团队领导者，你必须坚持清晰化和具体化，不要让团队成员只做模糊的承诺就过关。下面这段对话来自呆伯特漫画，展示了一种应该极力避免的情况：

团队领导：沃利，你答应过在周二前将所有技术参数收集齐的，是不是？

沃　利：好的，我会去看看这项工作。

团队领导：我不需要你去看看，我需要你去做。

沃　利：我没问题。

团队领导：你是对我需要你去做这项工作没问题，还是对去做这件事没问题？

沃　利：周二之前，你会得到有技术参数的人的名单。

团队领导：我不需要有技术参数的人的名单。我要的是参数。

沃　利：我没问题。

团队领导：啊！忘了这件事儿吧！我自己来做！

　　一旦项目开始运作，作为一个团队的领导者，你此刻也掌控着对项目的进度监控。任务完成的时间和预算执行情况都要进行仔细追踪，这样一旦出现问题就会被所有人发现。项目时间是否符合计划？支出是否符合预算？项目哪些部分亮起了红灯，或者黄灯？到目前为止项目的范围发生了什么变化？跟计划相比，已经花费了多少时间？始终牢记"不能被测量的就不能被管理"，可以让团队管理的工作变得简单很多。

　　作为团队领导者，你需要不断地认真追踪项目的范围。"范围渐变"经常会导致项目脱轨。界定清晰的项目范围、清楚的操作程序、在必要时拒绝变更项目范围的建议等，都是保证项目在轨的有力工具。

当然，出现问题在所难免。你可能会遇到团队成员工作事项冲突，没有时间将两件事都完成的情况；也可能会遇到项目部分必需的资源或信息不能及时到位的问题；或者某一个团队成员能力或激励不足，无法完成必要的工作的情况。当这些情况发生时，最好是与发生问题的团队成员开诚布公地进行交流，向他们征求解决问题的意见。如果问题持续，你就得向拥有直接管理权的经理求助。不过，如果你对团队工作的其他部分掌控良好，这种情况将很少发生。

团队决策

在团队中做决策是一个特殊的挑战。独裁的方法——"我是领导者，所以我来决定。"——会损害成立团队的初衷。正如之前提到的，在任务非常明确，并且时间紧急的情况下，这种方法是奏效的。但是，即使在这种情况下，采用这种方法对团队进行领导的人，也可能很快会发现自己成了孤家寡人。

团队成功合作的要点是目标的统一。为实现和保持这种统一，建立共识是最好的办法。如果能够达成共识，团队中的每个人就会理解和支持团队做出的决定。并且，得到大家共同认可的决定更有可能是正确的。

但是形成共识很困难，可能需要花费非常多的时间，而且在如今这样快速变化的世界中，时间总是很紧张。另外，如果团队成员间对某些决策存在深刻的分歧，会让取得共识更加困难。

所以，如果不能取得共识，那么应该如何做决策呢？对于这个问题，没有简单的答案，每种方法都有各自的优缺点。以下是一些常见的方法：

民主投票法：投票解决问题是一个通常能够被接受的方法。但是这种方法并不能解决最关键的目标统一的问题。如果在投票中失利的一方对于最终决定有强烈的抵触情绪，他们可能会对项目不再认可。而这样一来，他们就会倾向于将项目的问题和失败归结到多数人做出的错误决定上。并且，不是所有的重要决策都只有两个选项。如果面对着三个或四个不同的选择，就有可能无法达成一个多数人同意的决定。

简单多数法：如果有多个选项，团队可以按照得票最多的选项做决定，即使票数没有占到大多数。这是一种特别冒险的方式，因为团队中的大多数成员都对其表达过反对意见。并且，用这种方法做出的决策很少是正确的。

求助专家：让我们面对现实，团队中不是任何一个人都具有每个必须做出的决定所需的专业知识。所以，为什么不把专家引入团队呢？如果这是一个关于技术选择的决策，就让技术专家决定。如果是关于市场开发的问题，就让市场人士决定。但这并不意味着不允许团队成员对自己专业之外的问题发表意见。这是团队的价值所在：从多个角度吸纳意见。但是，当内部不能达成共识时，这种方法就是有意义的，可以将问题委托给最了解这一专业领域的人。

咨询协商法：一个成功的团队领导者不能是一个独裁者。但是如果这位领导者充分地征求了所有团队成员的意见，认真倾听并将所有的观点都进行了考虑，那么他就可以做出一个结合了全面信息的决策，并在之后获得团队其他人的认可。

本章中最需要讲清楚的是，作为一个团队领导者，如果对团队成员都没有直接管理权，那么管理工作将会耗费大量的时间和精力。你需要努力与团队中的每一位成员建立并保持良好关系。总之，迅速完成一个项目是很诱人的想法，但可能会造成无可挽回的灾难。在很多案例中，一个感到不满的团队成员就导致了整个项目的瓦解。这是领导者承担不起的风险。

一个经验法则说，你需要用10%的时间跟每一个重要的团队成员相处。但这也就意味着，如果你的团队中有十名成员，按照这个法则做那么你所有的时间就都被占用了。因此，不要受到误导，认为自己可以既是运动员，又是教练员，即在领导项目的同时，还要做一个全职的参与者。如果你领导着一个很大的团队，这是不可能实现的。

- 在现代职场中，跨部门团队已经成为公认的具有良好效果的运营单元；

- 任何团队都不应该超过十人，而且团队中的每个人都应该准备好为团队付出足够的时间；

- 团队需要有一个界定清晰的挑战和限定的时间表。当任务完成，团队应该被解散。

- 管理一个团队需要时间。设想一下，如果每一个团队成员都要花费你 10% 的时间，你将付出多少时间。

延伸阅读：

《团队智慧》（*The Wisdom of Teams*），乔恩·R. 卡曾巴赫（Jon R. Katzenbach）与道格拉斯·K. 史密斯（Douglas K. Smith）著。

哈珀柯林斯出版集团（Harper Collins Publishers），2006 年出版。本书主要讲述团队能够提高组织表现的原因和团队的使用方法，在同类题材的著作中，本人认为这一本是最好的。

《提升影响力》（*Influence without Authority*），艾伦·R.

科恩和大卫·L.布拉德福德著。

约翰·威利父子出版社（John Wiley & Sons），2005年出版。一本很扎实的学术著作，对我来说有点过于理论化，术语也较多。

《没有权威的结果》（*Results without Authority*），汤姆·肯迪里克（Tom Kendrick）著。

美国管理协会出版社（American Management Association），2006年出版。本书更偏重于工作策略，展示了如何通过对过程的控制从而掌控整个项目。

《影响力》（*Influence*），罗伯特·B.西奥迪尼（Robert B. Cialdini）著。

哈珀柯林斯出版集团（Harper Collins Publishers），1984年出版。本书作者是一位社会心理学家，主要内容是关于如何影响他人，不管是出于善意或恶意。

第八章　变　革

我是在 2000 年接管的施乐，并成为总经理。我已经在施乐工作了 34 年。当时公司处在一个特别的时刻——我们处在深刻的危机中。所以，没有别的选择，我们只能踏上一条非常艰难的改变之路。

但真正的危机也有其好处，那就是你可以去质疑各个领域的业务。

——安·马尔卡西（Ann Mulcahy）

施乐前首席执行官

摘自《华尔街日报》"领导力课堂"系列视频访谈

《华尔街日报》本身就处在一个正在发生着惊心动魄的快速变革的行业中。

　　对于大部分读者，我们不再是每天早晨躺在门前台阶或车道尽头等待着他们的那一沓报纸。通过电脑和移动设备，他们可以在一天中的任何时间阅读我们的资讯。很多人通过其他服务商访问我们的网站——谷歌、脸谱网、推特等——它们的历史都还不满 10 年。

　　数以十万计的读者通过可以放在口袋、公文包、手提包里的小型设备——比如黑莓手机、苹果手机、Kindle、iPad 等——阅读我们的"报纸"。这些设备几乎每个月都会推出新版本。读者们也不再仅仅是"阅读"报纸，他们还通过视频和播客"看"和"听"我们的报纸。他们享受我们的交互式图形，观看我们海量的幻灯片，研究那些他们特别感兴趣的话题。而且他们会有所反馈！每天有数以千计的读者对我们的文章进行评论，其中很多的分析非常有趣，甚至比被评论的事件本身更加有趣。

　　在这一过程中，这些变化也颠覆了传统商业模式。很多曾经在

20世纪煊赫一时的报纸都已经破产了——如《洛杉矶时报》《芝加哥论坛报》《费城询问者报》《明尼阿波利斯先驱论坛报》《纽哈桑邮报》等。而其他的报纸，比如《基督教科学箴言报》《西雅图邮报》都已不再发行纸质版。还有一些，比如《底特律报》，只提供家庭邮寄版，且每周只有几天发行。

几乎所有的报纸都面临着财务困难的问题。《纽约时报》不得不求助于墨西哥首富卡洛斯·斯利姆（Carlos Slim），寻求经济支持。在2009年的某天，麦克拉奇报业（McClatchy Company）的股价甚至还不如一份名下报纸的价格高。

然而有一件值得注意的事：在与全世界各地的首席执行官们交流时，我发现快速变化并不只是发生在新闻出版业，而是已经成为一种常态。大多数行业正在经历着一场巨变，并且速度惊人。在金融、科技以及与化石燃料有关的所有行业，任何依赖于信息传播的行业，和那些能从人工智能技术、绘图技术和人类基因组技术中获益的行业，所有受到第三世界市场快速发展影响的行业，其变化无处不在，快速而猛烈。

在2008年进行的一次对1130名首席执行官的调查中，IBM发现有83%的受访者表示，在接下来的三年中，他们的公司将面临着重大的，或者是非常重大的变化。而在两年前的调查中，这一比例仅为65%。他们中的很多人都承认，只是跟上这种变化都很艰难了。一位加拿大的首席执行官甚至将他的工作比喻成白浪漂流^①（white

---

① 白浪漂流：美国企业管理常用案例，比喻企业在变化的宏观情况下，每位员工就像漂流艇中的乘客，在白浪涛涛的急流中，成为互相信任，互相协作的团队。——译者注

water rafting)。

这种现象的背后有很多原因。首先，是商业界全球化程度加深，竞争也更加激烈。随着极权国家的崩溃，各国政府都放松了对经济活动的管制，20世纪最后25年，世界经历了一场面向市场经济的大转变。很多发展中国家——例如中国、印度、巴西——经济发生了爆炸式增长。在这样的世界中，如果一家公司没有跟上变化的节奏，很快就会发现自己被竞争对手远远甩开了。

科学技术也是另一个主要的推动力。戈登·摩尔，英特尔的共同创办人，发现自从1958年集成电路，即电脑芯片被发明以来，一个集成电路上可以安装的晶体管数量一直在呈指数级增长，每两年就会翻一番。其他的科技界人士，比如雷·库兹韦尔（Ray Kurzwell）对各个科技领域的发展趋势进行了预测：

通过对科技史的分析发现，科技的进步是指数型的，而不是一般认为的"直观线性"的。所以，在21世纪，如果按照当下的发展速度，我们将会经历的不是100年的进步，而是超过20000年的进步。而科技进步带来的"回报"，比如芯片运行的速度和"成本效率"也将会呈指数级增长。甚至，指数级增长的速度本身都会是指数级的。

网络上曾流传过一部视频，展现了多种创新产品惠及5000万人所用的时间：

- 广播——38 年；
- 电视——13 年；
- 互联网——4 年；
- iPod——3 年；
- Facebook——2 年。

对于各类组织的管理者，这一现象都具有重大启示作用。在一个所有事物都在快速变化的世界，战略计划该怎样制定和执行呢？当你如上文所说的那位加拿大首席执行官一样，感觉自己身在急流之中，只为不被倾覆就须付出全力时，你如何才能为你的团队设立一个清晰的方向呢？

确实是这样，世界的加速变化给很多组织带来的是生存问题。每个组织都致力于长期经营，想让自己生存下去。但是科技、市场都是非连续性外力，或者如经济学家约瑟夫·熊彼特（Joseph Schumpeter）所说，是："创造性破坏。"所以，当变化在加速，公司的预期寿命会缩短也就不让人意外了。像贝尔斯登（Bear Stearns）、雷曼兄弟（Lehman Brothers）这样拥有几十年历史的大型公司可以在一夜间消失，而那些有着奇怪名字的新公司，比如谷歌、推特，也可以突然间冒出来。在标普 500 指数创建时的 500 家公司中，只有 86 家延续至今。

也许你开始感到疑虑——公司，这一 20 世纪最成功的创造，会不会成为 21 世纪创新浪潮的牺牲品。我们会把这个问题放到本章最后再讨论。到时候，我们会同时说明面对飞速的变化，一个经理人应该怎样做，不应该怎样做。

应对变化

通用汽车曾经是世界上最大的也是最成功的汽车制造企业，现在却在美国政府的监管之下。它的破产用实际案例说明了组织在面对变化时的艰难程度。

对于通用汽车，即使是最漫不经心的旁观者，也知道这位汽车巨人从四十年前就需要一次彻底的改革了。来自日本的竞争加剧，使得通用汽车存在的问题愈加清晰，比如，它的员工合同过于宽松，它的销售商过于庞杂，它的制造和设计方法也已经过时。

大部分外部观察者也认识到，所有这些问题的核心是一种"汽车城"文化，这种文化太骄傲、太与世隔绝、太抗拒变化，对这一产业没有益处。

多年以来，很多人也在努力进行变革。我在《华尔街日报》的同事，乔·怀特（Joe White）和保罗·因格拉西亚（Paul Ingrassia），在1992年报道了一场举世瞩目的董事会大戏，获得了普利策奖——当时，宝洁公司的前主席约翰·G.斯梅尔（John G. Smale）和他的法律顾问艾拉·米尔斯坦（Ira Millstein）试图重组通用的管理层。

斯梅尔在通用担任董事时，还是一个外部董事，在那个被认为

"能被看到但很少发声——至少是很少有人听取其意见"的时代，一组外部董事推翻首席执行官的事几乎闻所未闻——但自从世纪之交以来，这种事已经很常见了。

对于首席执行官罗伯特·斯坦普尔（Robert Stempel）在解决通用汽车存在的巨大问题上的迟缓动作，斯梅尔和其他一些外部董事失去了耐心。斯坦普尔是一个和蔼可亲的"汽车人"，在员工中很受欢迎，但并不是企业需要的那种改革代理人。

1992年3月，斯梅尔以及与他一伙儿的外部董事请斯坦普尔参加了一个秘密会议，会议地点在芝加哥奥黑尔机场附近。他们对斯坦普尔说，他的动作太慢，不足以治疗公司的顽疾。之后他们还要求他解聘他的两名高级执行官，并辞去董事会执行委员会主席的职务，改由斯梅尔接任。

到了十月份，双方的对峙更加紧张，有传言称董事会请斯坦普尔出局。这位首席执行官要求斯梅尔发表一则声明平息谣言。于是，斯梅尔发布了一则简洁的声明，内容像刀子一样尖刻："通用汽车董事会，"他说，"始终在反思保证公司得到最有效领导的最明智的路线问题。"结果没有等到被强迫下台，斯坦普尔自己辞职了，为之后约翰·F. 史密斯（John F. Smith）接掌管理权铺平了道路。

当时，这场"董事会会议室革命"被外界认为是通用汽车急需改革的序章。但事实并非如此。实际上，之后被很快提拔起来的是39岁的理查德·瓦格纳（Richard Wagoner），他成为了通用汽车的执行副总裁兼首席财务官。14年后，瓦格纳发现自己陷入了与当年斯坦普尔同样的困境中，企业最需要做出的大部分变革仍然没有进行。

正如我的另一位同事莫妮卡·兰利（Monica Langley）报道的那样，后来瓦格纳了解到董事会中的外部成员将要举行一次特别会议，却没有邀请他参加。关于他职位即将不保的传闻甚嚣尘上。他接受了他的前任约翰·F.史密斯的建议，要求董事会做一次信任投票，并威胁说如果没能拿到信任结果，他将会辞职。最后，董事会给出了信任结果。

不过，需要信任投票才能保住职务，这一事实充分说明瓦格纳的好日子不多了。2009年，当政府介入时，瓦格纳就不得不离开了。更重要的是，这说明通用汽车没有"听到"已经敲了四十年的警钟，去向了一个晦暗的未来。

为什么在变革需求迫在眉睫的情况下，通用汽车还是没能及时做出改变呢？通用的故事具有普遍性，这一问题值得并且已经得到认真研究。毕竟，有像 IBM 式的传奇——在路易斯·郭士纳的领导下 IBM 完成了转型，也有类似于通用汽车这样的没能及时转型的公司。

例如，《华尔街日报》的约翰·凯勒（John Keller）就跟踪了曾经的明星企业美国电话电报公司（AT&T）的衰落过程。取消电信管制（telecom deregulation）使得公司的长话业务遭到了地区电话公司和行业新进入者的冲击。前者中有小贝尔电话公司（Baby Bells），它曾经是 AT&T 的一部分，是根据法院分拆令分离出去的；

后者如世通（WorldCom）和斯普林特公司（Sprint）等。认识到公司需要变革，首席执行官罗伯特·E. 艾伦（Robert E. Allen）提拔了一位主管——快速移动打印业务的执行官约翰·R. 沃尔特（John R. Walter），担任董事长和后备首席执行官。

沃尔特没有浪费时间，立刻对业务进行了重组。他对公司各业务单元的控制权进行了集中化，开始与对手小贝尔电话公司友好合作，而不是试图与它们在地方电话市场上竞争。他仓促地将一位公司高层管理者免职，声称"没有人是不可或缺的"。他对公司高层宽敞舒适的办公环境大加嘲讽，说剩下的管理者们是在"地毯之国"工作，还说走过宽敞的办公空间需要太长时间——"等我走到某个人的办公室，我都忘了自己是来干吗的"。

与通用汽车的约翰·史密斯不同，约翰·沃尔特决心要推动变革。但仅仅8个月之后，他就被解雇了。艾伦，简直像是被沃尔特打了一记掏心拳，这让董事会认为他缺乏一个首席执行官应有的"理智的领导力"。后来，AT&T和通用汽车一样，再也没有进行过改革。2005年，这个经营艰难的电信巨头被西南贝尔电信公司（South western Bell Telephone Company）收购。西南贝尔电信是原"贝尔七兄弟"中的一家，从它的名称中就可以看出来。

颠覆性变革

对通用汽车和AT&T进行批评是一件很容易的事。他们就像在地球环境变化时无法做出及时适应而灭绝的恐龙，这些公司如硬化症病人一般的迟缓动作，是他们一度在市场上享有的寡头或垄断地位的后遗症。

但是，在《创新者的窘境》（*The Innovator's Dilemma*）一书中，作者哈佛教授克莱顿·克里斯坦森（Clayton Christensen）展示了在面对所谓"颠覆性创新"时，很多最优秀、最具有竞争力的公司是如何落得与通用汽车等公司同样的下场的。

IBM 统治了大型计算机业务，但完全错失了微型计算机崛起的机会。这一革命性创新的领导者是数字设备公司（Digital Equipment Corporation）——这也是特雷西·吉德尔（Tracy Kidder）的著作《新机器的灵魂》（*The Soul of A New Machine*）一书的主题。而数字设备公司之后也错失了向个人计算机发展的潮流。苹果公司是个人计算机行业的领导者之一，但是在手提电脑（笔记本电脑）方面落后很远。

克里斯坦森说，类似的故事发生在各行各业占据统治地位的公司身上，比如电信行业（从有线到无线）、印刷行业（从纸质到电子）、摄影行业（从胶片到数字）、股票经纪业（从线下到线上）、股票交易业（从现场到电子商务）、零售业（从实体到线上）。他说，甚至是 MBA 教育领域，在应对企业大学和内部管理培训的兴起方面，很多公司反应都有些迟缓。

在一项有趣的分析中，克里斯坦森认为这些公司没能成功应对这些挑战的原因，并不是因为管理不善，反而是因为那些曾经被认为是好的管理方式造成的。例如，认真倾听客户的意见和建议，使他们错过了那些对现有客户没有吸引力的创新点，而这些创新点打开的是全新的客户来源。再例如，通过仔细研究市场趋势并将资金投入那些能够带来最大投资回报率的创新项目上，从而错过了看似利润较低的具有颠覆性的变革项目。

克里斯坦森这样写道：

> 在更深层次上，这些现象表明，很多当下被广为认可的管理原则，实际上只适合一定的情境。有时候，不考虑客户的意见是对的，在开发市场表现不好且利润率较低的产品上投资是对的，积极争取小规模的而不是大规模的市场也是对的。

在书的最后，克里斯坦森就应对颠覆性变革，给出了6条秘诀，概述如下：

- 客户并不总是对的。尽管认真倾听客户意见和建议是有用的，但不要指望他们能帮助你发现颠覆性创新点。你需要其他类型的智力支持。
- 资源分配是关键。一旦你认为你已经发现了一个颠覆性创新点，你就必须做出努力，为其发展提供资源。以计算投资回报率为基础的传统投资模型可能不太适合这种情况。

这也是为什么很多老牌公司会错失机会的原因。你需要一个完全不同的方法为这种投资融资，因为在开始的几年里它们看起来并没有什么收益。

- 颠覆性科技需要新的市场。不要试图用颠覆性技术满足你现有市场的需要，而要寻找新的市场体现新科技的价值。

- 颠覆性科技需要新的能力。能够领导一家微型计算机公司并不意味着就能够领导一家个人计算机公司。为应对一项颠覆性科技，你可能需要新的人力资源和新的技能。

- 试错。在尚未得到验证的技术上面，不要压上太大太高昂的赌注。可以以较快的速度和较低的成本推出新产品，进军新市场，并从中学习经验和教训。在成功之前，先做好失败几次的准备。

- 不要奢望在每项技术上都处于领先地位。颠覆性科技经常会给首发者带来巨大优势。但是，被克里斯坦森称为"延续性"的技术——那些对现有产品和市场具有强化作用的技术——一般不会有这种效果。

因为在这样的科技雷区中游刃有余，思科公司（Cisco Systems Inc.）经常得到赞扬。在《华尔街日报》2000年某一天的头版，管理学编辑斯科特·瑟姆（Scott Thurm）详细记述了思科公司是如何开发出一套体系用于购置拥有前瞻技术的小公司以保持其在网络设备和系统方面的统治地位的故事。

该公司有一支接受过良好训练的团队，并且在正式签订并购合同之前，就已经介入对那些小型公司的同化过程。他们向员工保证其不会被辞退，并且收入还会有所增加。整个体系设计的理念就是保证思科能够保有新并入公司具有创造力的那部分，同时将新加入的人员整合为大家庭的一部分。从 1993 年到 2000 年，瑟姆发现思科用这一体系消化了 51 家公司。在互联网泡沫破碎的那一年，很多管理技能较差的公司都被击溃了，但思科精细协调的发展过程，使它不仅活了下来，还愈加繁荣。

变革中的管理

本书中很多已经讨论论过的管理技术都可以帮助你在一个快速变化的环境中开展管理工作。

将决策权赋予你的雇员和团队成员，而不是将决策活动集中在高层，将有助于保证新的变化能很快地被发现和处理，因为雇员们一般比高层管理者"更接地气"，也更有可能感知到正在发生的变化。同样，将员工纳入对战略和目标的讨论过程也会有所帮助。创造一种坦诚的文化可以保证具有潜在威胁的新的发展趋势能很快浮出水面，从而对其进行充分考虑。使用临时团队将让管理者能够快速地组织起一组适用的人员来应对新变化，而不会拘泥在没能与时俱进的按部就班的企业结构和程序中。

但是不可避免的，你可能会在未来某一天发现自己面对的情况与 AT&T 的约翰·沃尔特和通用汽车的约翰·史密斯的遭遇一模一样。你会发现企业迫切需要进行重大的变革。而这都要有赖于你，作为领导者使其发生。

这不是一项简单的任务，特别是当企业中根深蒂固的文化需要改变时。作为一个管理者，你有权力大笔一挥，更改公司的政策；你也可以不太费力地雇用、解聘、提拔或者降职员工；但是改变深植于企业中的文化将是你面对的最艰难的任务。为做到这一点，你必须要赢得共事者的心，而那既需要策略，也需要说服力。

福特（Ford）首席执行官阿兰·穆拉里（Alan Mulally）曾经在波音和通用电气工作，他一到福特就面对着这样的问题。我的同事莫妮卡·兰利按照时间顺序梳理了他的早期职业生涯，说穆拉里每周二召开一次周会作为其改革计划的核心措施。在会上，员工禁止使用手机，禁止聊天、讲笑话、发表个人观点、争地盘，也禁止上厕所（除非有紧急状况）。穆拉里坚持诚实、数据、结果及以更多的数据，并为展现出进步态势的执行官鼓掌。

很快，穆拉里就意识到，福特的经理层不习惯于分享信息。结果就是，各个业务单元的管理者上报的报告经常是没有汇总的。穆拉里坚持让他们做出改变。他说："数据能让你自由。你不能管理好一个秘密。"

一次，在一位经理描述了他所负责的单位一些表现不佳的情况后，穆拉里以鼓掌作为回应，惊呆了众人。"能见度很好，"他说，并做了进一步解释:"问题只有摆到桌面上,才能被解决掉。"

穆拉里和其他人在变革管理中学到的知识,为我们提供了很多取得成功所必需的基本途径。包括:

理解"改变是必需的理念"。组织中的成员需要知道为什么改变是必需的。否则,他们会固执地坚持旧有的路线。就像拉里·萨默斯(Larry Summers)想要改变哈佛大学的文化,而他之所以失败,很大一部分原因是大部分哈佛大学的员工没有发现大学的文化需要改变。

向外看。在将庞大笨重的宝洁公司转型成为一家更具创新精神的公司过程中,A. G. 雷富礼做的最重要的一件事就是设定了一个目标——宝洁50%的新产品和科技创新应该来自公司外部。因为设定了该目标,他的下属们不得不走出去,寻找新的产品和创意,而不是认为在公司内部就可以找到所有答案。

为变化提供资金。正如前面讨论过的,这可能是最难办的事情,因为现有的项目也需要资金,而新的项目并不能提供清晰的回报率。你需要确保那些能够推动变革的项目获得相应的投资。

建立一个影响力联盟。一般来说,你不会有足够的时间和精力让组织中的每个人都加入你的阵营中,所以你可以建立一个由在组织中具有强大影响力的人物组成的核心联盟。

对于那些在组织中具有影响力，但不能与你合作的人，你要想办法让他们离开企业。

找到能够展示"变革必要性"的方法。《蓝海战略》一书中引用了纽约市警察局局长比尔·布拉顿的故事。他在 1990 年就已经身居高位，但他自己仍然不分白天黑夜地乘坐纽约地铁——因为他想要找到纽约地铁被吓坏了的纽约人称为"电气阴沟"的原因。其他的公司也采取了类似的方法，要求经理们接听客户的投诉电话。

找一个参谋（顾问）。智者百虑，必有一疏。特别是当一个人被一群想让他感到满意的人所包围时。你身边至少需要有一个人，知道谁是真的支持你，谁又在悄悄地反对你，以及谁能帮助你建立联盟，他还能帮助你设计推动变革的策略。

关于这一题材，最好的参考读物是《引领变革》（*Leading Change*），作者是约翰·科特（John Kotter），他也是商业寓言《冰山在融化》（*Our Iceberg is Melting*）的作者。科特在此书中，列出了他在研究中发现的变革失败的 8 条最重要的原因。尽管我们这本书主要是想集中于管理者应该做什么，而不是不应该做什么，但科特列出的这些原因非常有指导性，我们还是决定把它们呈现给大家：

原因 1：自鸣得意。在试图改革一个组织时，最大的错误就是只顾自己勇往直前，却没有在下属和员工中建立起足够的紧迫感。如果你这样做，那么一般就会失败。

原因2：缺少同盟。在开启一场大规模的组织改革之前，你需要有一组核心的同盟者——一群认同你的改革方案的人。这个同盟中无须包含全部的高层管理者（当然所有都加入更好），正如上文中提到的，将具有巨大影响力的人纳入其中就够了。

原因3：愿景不同。在大型组织中，清晰的愿景不仅能够调动员工的积极性，而且有助于统一员工的思想。没有一个清晰的愿景，你的改革就成了一堆方向性不明的分散项目。

原因4：愿景传递不足。作为领导者，你会很快了解，让员工真正理解一个理念，需要重复无数次。在沟通愿景问题时，你需要态度严肃并不断重复，并且你得言行一致。

原因5：障碍挡道。新计划无疑会遇到巨大的阻碍。为了让变革持续，必须显示出你有决心快速而有力地清除这些障碍。

原因6：没有阶段性成果。变革需要时间，但在这一进程中，也需要阶段性的成功让团队感觉到进步和鼓舞。

原因7：过早宣布胜利。当看到向着既定目标，变革有了实质性的进步时，很容易让人有宣布成功的冲动。但是千万别这样做。你可以为短期的胜利而庆祝，但不要犯小布什那样的错误——他在伊拉克战争开始几个月后，登上了一艘航母，头上是一条巨型横幅——"任务已完成"。

原因 8：没有改变组织文化。只抛弃旧有的文化是不够的，你还需要创造一种新的文化。正如科特所说："分析到最后，只有当变革后的结果变成'这就是我们这儿做事的方法'时，变革才算真的落地生根了。"

管理学的未来

就像本章前面提到的，快速的变化对于现代企业和组织的生存是一个挑战。

1937 年，英国经济学家罗纳德·科斯（Ronald Coase）在他的著作《企业的性质》（*The Nature of the Firm*）中列出了现代企业的逻辑。他以一个基础问题开始：我们为什么需要公司？在古典经济学家眼中，市场上个人之间按照市场规则建立契约，这一规则就是亚当·斯密所说的"看不见的手"。它使产品成本降低、质量提高。所以，由数以百计或数以千计的人组成一个大型组织又有什么必要呢？为什么需要雇佣这些人，或者说，为什么不简单地在自由市场上与他们签订契约呢？

科斯总结说，公司之所以成为必需品，是因为交易成本的问题。在自由市场上雇用工人或许和公司雇员成本相同或更加便宜，但是这种计算方法忽视了在适当时刻搜寻并找到合适工人的难度，忽视了讨价还价的时间和成本，忽视了保护交易隐私的需要，也忽视了与工人的沟通，以及其他诸多成本。相比在市场上交易，公司通过自己生产内部所需，很容易就可以规避这些成本。

但是，现代科技已经降低了很多的交易成本。得益于互联网发展，在对的时间找到拥有丰富经验的对的人，比过去容易太多了。议价成本同样在降低，受到科技发展的影响，人与人之间交流和合作的能力也变强了。

交易成本在下降，这能够成为大公司和传统管理学消失的原因吗？

有一小部分但是影响力很大的思想家认为这种现象已经在发生。他们指出：比如 LINUX，这种电脑操作系统是由分布在世界各地的独立工程师们合作建立和维护的；还有维基百科（Wikipedia），是由数以百万计的用户在线维护的百科全书，它们作为一种新模式，代表了一个可能的没有组织的世界。

在《维基经济学》（*Wikinomics*）一书中，作者唐·泰普斯科特（Don Tapscott）和安东尼·威廉姆斯（Anthony Williams）提出了"大规模协作"的概念——使得消费者、员工、社区成员、纳税人具有了创新的力量并在全球舞台上创造价值。他们预测我们可能处于一个新时代的初创期，这一时代"也许是一个黄金时代，足以与意大利文艺复兴和雅典民主的兴起相媲美。大规模协作是跨国界、跨学科、跨文化的，既经济又有趣……一种新的经济民主主义正在浮现，我们都是其中的主角"。

我对这些论点非常熟悉，因为他们最近在新闻行业非常流行。权威人士，如杰夫·贾维斯（Jeff Jarvis），一位成功的博客写手，也是一位在大学教授新闻课程的老师，对于大型城市报纸的衰落毫不意外。他认为"市民记者"将会兴起并取代它们（大报）的地位。总之，一个人只要有一台掌上电脑就可以用文字、照片和视频记录新鲜事物，通过网络相簿（Flickr）或推特等服务商把它们上传到网络，然后其他用户就可以阅读这些新闻。写作者和阅读者是同一个群体。"产销合一者"——泰普斯科特和威廉姆斯这样称呼这些现代宠儿——既是生产者也是消费者，将成为行业新的业务单元。

我不能预测未来，但我仍然对此心存怀疑。

一方面，没有人能说清这些 LINUX 工程师、维基百科贡献者和自媒体记者如何谋生。现在，他们做这些主要是因为爱好。但如果所有的商业都变成这种模式，那总得有一种方式为人们提供养家糊口的收入。我们可以看到科斯理论中的部分交易成本——比如寻找具有适当才能的合适的人的成本——确实因为科技的原因明显下降了，但其他的交易成本可能实际上却上升了，因为交易复杂性的增加需要一定程度的协调和质量控制，这是"大规模协作"所不能提供的。

不过，虽然我对大规模协作乌托邦一样的未来尚且存疑，但能够利用散布于全球各地的专业知识所带来的好处却是实实在在的。维基经济学的原则——开放、同好网络、信息共享——都可以作为构建管理改革战略的重要组成部分。

当代另一位杰出的管理学宗师加里·哈默（Gary Hamel）并不认为公司会消亡，但他认为环境的快速变化需要一种全新的管理方法。在《管理大未来》(*The Future of Management*)一书中，哈默认为管理学仅仅是没有跟上我们周围创新的步伐。他写道："就像是内燃机一样，管理学是一项很大程度上停止了进化的科技，这不是一件好事。"

哈默没有详细讲清楚新的管理学看起来应该是什么样子，但他认为新的管理学必须能够使企业比现在更具适应性。在当今的管理学模式中：

深入的改革几乎都是危机引发的、短暂的、有计划的——通过自上而下的一系列有严密脚本的信息、事件、目标和行动完成的。令人难过的是，企业改革很少是机会引发的、持续的，或是组织内在的学习和适应力的产物。路易斯·郭士纳重振 IBM、卡洛斯·戈恩让日产汽车起死回生、罗斯·玛丽·布拉沃（Rose Marie Bravo）让时尚品牌博柏利（Burberry）枯木回春，这些都值得庆祝，但是"重整旗鼓"是一种"改革"被悲剧般地延迟了的后果——是"适时调整"的昂贵替代品。

他认为，改革目标是要建立一种有能力进行持续的、无创伤的自我修复的组织。而这可能需要一种全新的管理学原理。有以下可能的改革方向：

效益（efficiency）。效益是古典管理学学派追求的目标。但是高效的组织，可能无法给有望带来惊喜发现的探索提供时间和资金。这也是谷歌让自己的员工花费 20% 的工作时间用于与公司核心业务无关项目的原因。就像是优秀的风险投资者一样，谷歌的管理层知道在 1000 个稀奇古怪的主意中，只有 100 个值得一试，只有 10 个值得投资，最终只有一两个会成为新的业务增长点。而找到这一两个主意的过程，不会是一个有效率的过程。

资金分配（capital allocation）。资金分配是一个大型组织的核心功能。但是集约化的资金分配方式，判断依据是项目的投资回报率，这样就有可能会忽略掉一些有潜力的、在未来会瓦解整个行业的新技术。为鼓励前文提到的偶然性的新发现，组织必须要找到像风险投资者那样的资金分配新方法。

等级体系（hierarchical structures）。当代大型组织的实质仍然是一个等级体系。大部分人都有一个"上司"，而他也要向自己的"上司"汇报。但是未来可能更需要由地位平等的同事组成的不断流动的团队。哈默写道："创造一种公司，不是用机械的官僚主义，而是用社区精神将大家团结在一起。"

研发（research and development）。研发业务在大部分企业中经常是一个独立的部门。但是在未来，每一名员工都需要被列在持续创新大目标的名单上，并给他们提供创新所需的工具和自由。

- 面对着颠覆性变革的组织，发现传统的"高水平管理"技术可能会导致他们错失行业中的大变化。

- 如果你认为自己发现了一个创新点，有可能对行业是颠覆性的。那么你需要向其注入资金，即使它们没有合理的投资回报率。

- 在一个组织中推行改革之前，你需要创造一种"改革是必须的"紧迫感。

- 未来的组织可能需要效率更低、等级更平等的运作模式，并将每一名员工都纳入持续创新中。

延伸阅读：

《创新者的窘境》（*The Innovator's Dilemma*），克莱顿·克里斯坦森著。

柯林斯出版社（Collins），1997 年出版。在这部当今最重要的商业著作中，克里斯坦森展示了诸多公司未能适应技术变革的原因。

《引领变革》（*Leading Change*），约翰·科特著。

哈佛商业评论出版社（Harvard Business Review Press），

1996 年出版。就如何在大型组织中实行改革，科特提供了非常实用的指导。

《谁说大象不能跳舞？》（*Who Says Elephants Can't Dance?*），路易斯·郭士纳著。

哈珀柯林斯出版集团（Harper Collins Publishers），2002 年出版。IBM 转型可以说是当代最伟大的企业改革，本书讲述了其中的内幕故事。

《游戏颠覆者》（*The Game-Changer*），A. G. 雷富礼与拉姆·查兰著。

皇冠商业出版社（Crown Business），2008 年出版。本书讲述了雷富礼鼓舞人心的管理模式，很值得一读。

《维基经济学》（*Wikinomics*），唐·泰普斯科特与安东尼·威廉姆斯著。

组合出版社（Portfolio），2006 年出版。如果你相信神话故事，那么这就是非常容易让人相信的一本书。即使你不相信神话故事，这本书也对未来提出了很多重要的、令人兴奋的问题。

《管理大未来》(*The Future of Management*)，加里·哈默与比尔·布林著。

哈佛商业评论出版社（Harvard Business Review Press），2007年出版。哈默是当代最具创造力的管理思想家，在本书中他倡议应对管理学的基本实践进行彻底地思考。

第九章　财务知识

随着公司规模的扩大，你会发现员工大部分的进取心都用在了维持和拓展我们已经在做的业务，同时反对创造新的活动……我们在 15 年前做了一个决策，在我们的正常开发活动之外，投资进行计算机科学基础研究。通过在全公司采取这一策略，我们才能始终为不可避免的变革做好准备。

——克雷格·蒙迪（Craig Mundie）

微软前首席战略官

摘自《华尔街日报》"领导力课堂"系列视频访谈

不要跳过此章！

本书的主题是人的管理——给一群人一个共同的目标，并推动他们去取得成功。

但是做这些需要资金——钱。成为一个成功的管理者，你必须对管理资金的基本工具有所了解。如果你说，"我将它们留给财务部门"，或者"我会雇一个财务人员处理它们"，这是不够的。如果你不能掌握财务基础知识，有一天你就会突然发现，你已经被它们所控制。

如果你认为我太夸张了，那就想一想世通公司的案例吧，它犯下了美国历史上最大的假账案。

在20世纪90年代后期，世通公司曾经是一家飞速发展的通信公司，主要业务是长途通信服务，同时也为互联网提供大量的主干网服务。它的首席财务官名叫斯科特·沙利文（Scott Sullivan）——在这一丑闻曝光前，他在华尔街享有盛誉。一位雷曼兄弟的分析师告诉《华尔街日报》的肖恩·杨（Shawn Young）和埃文·佩雷斯（Evan Perez）："斯科特曾被认为是一个正直坦率的人，他手中掌握着很多（公司）的详细资料。"

然而，从1999年开始，世通的命运急转直下。为了不让公司发布巨额亏损的报告，沙利文进行了一些内部财务调整。特别是，世通公司每年付给地方电话公司数十亿美元作为承揽其长途通话业务的费用——这笔钱被叫作"线路费用"。沙利文简单地将多数此项费用重新归类，由"支出"改为了"资本支出"——这样他就可以将它们分摊到未来数年中，从而减少短期亏损。

这种改变惊人的简单，但这是完全错误的——会计准则表达得很清楚，"资本支出"必须是"长期投资"，比如，设立一个新工厂。

令人惊讶的是，这一行为在两年中都无人察觉。最终在2002年，一位名叫辛西娅·库珀（Cynthia Cooper）的内部审计员向董事会示警，从而开启了一系列调查后，才发现世通公司虚报利润约110亿美元。

在世通案中，法庭发现首席执行官伯尼·艾伯斯（Bernie Ebbers）不仅知情，并且与沙利文是同谋。很明显，公司内外还有很多人对此事了若指掌，只是没有被抓住。

不需要经过长期的财务培训，就能理解沙利文的做法为什么是错误的。你只需了解一些基本知识，而这就是我们想要在本章中教你的。

本章的重点不是如何准备详细的财务报告。我们会将精力集中在如何理解它们，作为一个管理者如何利用他们。纽约巴鲁学院前教授亚伦·莱文斯坦（Aaron Levenstein）曾说："统计数据就像是一件比基尼，它暴露出来的部分很有意思，但它遮掩的部分更是至关重要。"

预　算

预算是经营过程中逃避不了的一项工作。制定未来活动计划、协调部门间行动、将工作计划用一种具体的方式传递给组织中的每个人和对工作进程进行监督，都要用到预算。

在很多组织中，预算也被用于绩效评估。"你做了预算吗？"经常是在做绩效回顾时被问到的第一个问题。

但这样做是不对的。我们的建议是你可以用预算来计划、协调、沟通和监督，但是不应该用它衡量绩效。以预算评价绩效会导致无穷无尽的内部博弈，使你和你的团队无法达到最佳状态。

想一想，做预算时的情境。要求每个部门估算未来一年的支出和收入的命令一经发出，博弈就开始了。

如果你在销售部门，你知道你的绩效考核结果和收入将基于你执行预算的情况，那么将预计销售额最小化就会特别有诱惑力。你会辩称，这一年对于销售工作将会很艰难，你将会逆风而行。最好能将销售额预测得低一点，这样就会获得超过预期的成绩。

如果你管理着技术部门，与销售部门不同，你会夸大你的需求。你会说，会有很多大型项目陆续开展，我们需要资金来运作。

与此同时，管理部门的员工在为预算回顾做准备时，其激励机制是完全相反的。他们的报酬一般是基于企业发展情况的，所以他们想要将销售预期调高而支出预算调低，从而争取最大的利润。

这种情况的结果就是一场错综复杂的"内部舞会"——实际上是一场谈判——最终的结果是一个折中的预算方案。比如，销售部门预测了4%的增长，管理部门的意愿是8%，而最终的预算额定在6%。在了解了谈判机制之后，各方可能会进一步夸大自己最初的预算额——销售说增长3%，而管理部门则报9%。

现在你就懂了。整个过程浪费了时间，还滋长了不诚实。并且，这个过程对于高风险、高回报的项目是厌恶的。如果项目风险很高，那么做预算时就会倾向于低估其潜在的回报，以降低期望值。这会让人失去雄心壮志。

与其采用基于预算的报酬，我们推荐一种不是基于内部协商数额的体系——一种基于现实比较的体系。企业绩效和去年相比如何？与竞争对手相比如何？这种做法将会减少内部博弈，使所有人都专注于共同的目标。

对于大多数企业，编制经营预算的过程包括下列五步：

- 预测预期收益（利润）。这经常是预算中最不可靠的一个数字，特别是对于新的业务。但是基于经验提出一个数字也很重要。
- 计算销售产品的预期成本。这一数字集中于产品的直接成本——比如工人工资和原材料成本。

- 计算其他预期成本。包括研发费用、设计费用、市场和管理费用等。

- 计算预期营业收入。即第1项、第2项和第3项之和。

- 开发替代方案。这一点至关重要。在编制经营预算时包含了很多预测的情况。如果你的预测是错的怎么办？所以开发一个替代方案很重要，这样你就能充分考虑到多个可能的结果。

资产负债表

资产负债表是会计工作的基础。设计这一表格的初衷是展示组织在特定时间点的资产和负债情况。因为在该表中包含了很多的历史数据，资产负债表看起来隐藏的信息比展现出来的更多，有些晦涩难懂。为更好地理解后面讨论的损益表和现金表，对资产负债表背后的原理进行了解是很重要的。

在标准的会计报表中，资产负债表有两列。左侧一列列出了组织所有的资产，右边一列列出了组织所有的负债及股东权益。根据定义，表格的左侧一列和右侧一列总是"平衡的"——也就是说，资产＝负债＋股东权益。

下面，是一个简单的资产负债表（来自一家虚拟的独轮车生产商）。

尤尼斯独轮车制造公司	
单位：千美元	
资产	
现金及有价证券	75
应收账款	35
存货	20
预付费用	12
流动资产合计	142
工厂设备总值	2100
累计折旧	750
工厂设备净现值	1350
总资产	1492

负债和股东权益	
应付账款	42
预提费用	10
应付所得税	15
短期债务	205
流动负债合计	272
长期债务	200
负债总额	472
投入资本	800
留存收益	220
所有者权益合计	1020
负债与所有者权益	1492

总资产。列在资产负债表上的第一项资产是"流动资产"，包括了现金以及在一年内通过正常的交易活动可以转换为现金的其他资产。即现金及有价证券、应收账款（应该付给公司的款项）减去

坏账准备（有可能收不回来的账款）、存货、预付费用。

资产中也包括厂房和设备，也被叫作"固定资产"。在一般实践中，在资产负债表上计入其原值（即使更换他们可能会花费更多），然后每年减去一定数额的折旧，该数额取决于该厂房或设备的估计使用年限。

另外，该组织可能还有其他资产，包括无形资产，例如专利，其价值也通过摊销过程逐年递减。还有一项包罗万象的无形资产，叫作"商誉"。一般当以高于资产负债表显示价值的价格购入了一家公司时，"商誉"会出现在资产列表中。

负债。同样，资产负债表将流动负债放在第一行——指的是在未来12个月将会支付的负债。其中包括应付账款（需要付的账单）、应计费用（已经消费了的产品和服务，但是还未付款），还有尚未支付的应付所得税和短期债务。

长期债务，包括延期支付的所得税和长期借款。

所有者权益。在会计理论中，资产超过负债的部分属于股东（所有者）。理论上，所有者权益就是公司的净值——尽管由于一直以来的会计惯例，这一数值与组织的市场价值毫无关系。

关于所有者权益的会计惯例有点复杂又神秘的感觉。普通股和优先股以"票面"价值与资产负债表联系在一起——而不是当下的市场价。股东付出的超过票面价值的部分在账目上记作资本公积。所有者权益还包括公司的留存收益、外汇调整、可出售证券的未实现收益。

最后的结果是所有者权益总额，这一数额在现实世界中没有什么意义。

然而，对于管理者来说，资产负债表还是能够提供很多有用的信息。比如，营运资本就是一项非常有用的衡量值，它是用现金资产减去流动负债得出的。总的来说，你可以将其视为一个安全缓冲垫，用以应对突发事件。一些管理者和投资者会计算流动比率——用现金资产除以流动负债。

另外需要着重说明一下的数值是速动资产。现金资产中包括了存货，而存货并不总是很容易被售出，同样还有预付费用，一般也不能变回现金。将这两项从现金资产中减去，就可以得到速动资产的值。而用速动资产减去流动负债，则可以得到净速动资产。保持这些指标为正，对于组织的健康非常重要。

可以注意一下，尤尼斯独轮车制造公司的这些指标说明该公司的经营出现了问题。

损益表

损益表是你在工作中涉及的最重要的财务报表。

正如在前文中提到的，预算是组织经营的财务计划。而损益表则能告诉你真实的经营情况。

损益表背后的基本等式与经营预算是一样的。以收入开始，减去成本，得到的结果就是利润。

但是，预算往往是内部文件，而且机构之间的预算惯例相差很大。相对来说，损益表是公开的。它们会被审计，并且一般要符合固定的会计程序，这也导致它们看起来更加复杂。

举例说明，下面是尤尼斯独轮车制造公司的损益表。

尤尼斯独轮车制造公司 单位：千美元	
净销售额	1150
销售成本	785
毛利	365
营业费用	
折旧与摊销	35
销售、一般和管理费用	112
总营业费用	147
营业收入	218
其他收入	5
总收入	223
利息支出	42
税前收入	181
所得税	37
净收入	144

净销售额：第一行一般反映了该机构最重要的收入来源。之所以叫作"净"销售额，是扣除了退货和销售折扣后的销售额。

销售成本：这一数值代表了被该公司认定为在进货和制作独轮车过程中产生的成本，包括原材料、劳动力、制造费用等。

毛利：净销售额和销售成本之间的差额。用毛利除以净销售额可以得出毛利率。

折旧与摊销：本科目代表厂房、设备和包括无形资产（如专利）在内的耐用资产价值的下降额度。

销售、一般和管理费用：该科目包括了广告支出、促销费用、销售人员工资和佣金、差旅费、招待费、管理人员工资以及办公场所支出等。

营业收入：用毛利减去销售、一般和管理费用，再减去折旧和摊销，就得到了这一数值。

其他收入：包括股息及利息收入。本科目是金融投资带来的收入，因此将其与营业收入单独列出。

利息支出：向债券所有者支付的利息是一笔固定的支出，在计算税额前，可从营业收入中预先扣除。

净收入：本科目位于最后一行——这就是该机构在扣除了开支、营业费用、折旧、债务利息以及税款之后的最终收入。

将几年间的损益表进行对比分析，是非常有用的。例如，你可以用营业收入除以净销售额，从而计算出营业利润率。单独看这一数值并没有什么意义，因为不同的机构在这一数值上区别很大。一个成功的软件企业的营业利润率可以接近50%，而一个零售企业的营业利润率只有2%到3%。但是你可以将你公司的营业利润率与同一行业中的其他企业做对比，也可以将它与本公司其他年份的数值做对比。如果该利润率大幅下滑，就需要仔细寻找原因。

净利润率：与营业利润率一样，净利润率是另外一种分析企业不同时间经营情况的途径。其计算方法是用净收入除以净销售额。

对于上市公司，损益表中还会增加一些科目，可以计算出每股收益，这是投资人比较关注的数字。

现金流量表

现金流量表是按权责发生制编制的。意思是根据一系列复杂的会计准则，当"盈利过程完成"时，交易就可以确认。但这并不意味着与该交易有关的现金必须流入或流出你的银行账户。

在销售某些产品时，产品交付很久之后货款都不一定能够到账，但产品交付后该款项就可以计入现金流量表。

在某些其他的交易中，虽然已经收到了预付款，但交易还没有发生时，该款项则不能计入现金流量表。换句话说，同样的情况再一次出现了。现金流量表展示出来的东西很有意思，但它隐藏的东西更是至关重要。

现金流量表可以让你摸清企业真正的现金头寸。在大部分组织中，会有三类现金流——经营活动产生的现金流量、出售或购置资产产生的现金流量（投资活动产生的现金流量）、融资活动产生的现金流量。下面，我们来看一下尤尼斯独轮车制造公司的现金流量表（单位同样是千美元）。

净收入	144

经营资产及负债	
应收账款	（35）
库存商品	（20）
预付费用	（12）
应付账款	42
应计费用	10
应付所得税	（15）
折旧费用	7
经营资产和负债的变动总额	（23）
经营活动产生的现金流量	121

投资活动	
出售厂房、设备和其他资产所得	11
资本支出	（55）
投资活动产生的现金流量	（44）

融资活动	
短期债务增加	20
长期借款	10
股本	0
现金分红	（40）
融资活动产生的现金流量	（10）
全年现金增加额	67

应收账款：该科目代表了尤尼斯公司在一年中制造并交付给客户的独轮车中还没有收到的货款。

库存商品：指的是已经制造完成但是还没有售出的独轮车。

预付费用：指的是公司已经付费，但是尚未消费的产品或服务。应收账款、库存商品和预付费用，都可以增加该公司的会计收入，但是它们都不能提供现金。

应付账款：指的是在过去一年（会计年度）中公司已经接受的产品或服务，但还没有支付的费用。

应计费用：该科目同样代表了公司接收到的但是尚未付款的物品。应付账款和应计费用在计算净收入时应该减去，但在计算现金流时需要加回来。全年经营活动应付所得税与实际上缴纳的所得税之间的差额同样会影响现金余额。具有同样影响力的还有折旧费用，在损益表中需要被减去，但是并没有现金支出。

投资活动。不管是购入还是售出固定资产，都会对现金流产生影响。

融资活动。借款当然会引入现金流，售出股票同样如此。而对股东进行现金分红，则会减少现金流。（需要注意的是，在计算净收入时，利息支出已经计算在内。但是分红不计算在内，因为给股东分红不是强制性的。）

现金流量表反映的是关于组织经营活动的重要信息。比如，假设净收入增长速度超过经营活动产生的现金流量，这就是一个可能的危险信号：企业经营出了问题。尤尼斯公司有可能生产了超过市场所需的独轮车（制成品存货增加），或者是将产品卖给了那些不愿意付钱的客户（应收账款增加）。

构建一个财务仪表盘（指示工具）

财务报表提供了大量的信息——多到超过了你能随时监控的范围。根据所在机构的性质，你可能会希望找出几个关键财务指标，实现定期监控。

在前面文章中，我们已经提到了一些可用的指标。作为企业健康情况的基本标志，大部分企业都想要密切关注自己的经营利润率。如果你担忧企业的短期生存能力，你也许同时想要监控流动比率和速动资本净额。

通过资产周转率，可以看出利用公司资产产生销售收入的能力。用销售收入除以总资产就可以得到这一指标。在不同行业间，该指标变化很大，但总的来说，资产周转率越高越好。

机构利用杠杆的情况如何？这就需要看一看利息支出占营业收入的比例，并要看它随时间的变化情况。另外一个监控债务的方法是将收入、利息和税加在一起，除以利息支出，就可以发现有多少收入被用来偿还债务了。

通过财务报表，还可以得出无数的指标。通过这些指标，你可以监控应收账款的回款速度，也可以监控存货的周转率。到底要关注哪些指标，需要结合机构的具体目标和薄弱环节确定。花一点时间确定指标并坚持对其进行追踪是很有价值的。

货币的时间价值

假设你用 50 万美元购买了一栋房子，之后以 75 万美元的价格将其售出，那么你这笔投资的投资回报是多少呢？很简单对不对？25 万美元，或者说是 50% 投资回报率，是一笔相当不错的买卖。

但是，这一投资回报率的计算过程忽略了一个关键信息——你持有了该房产多长时间？如果你只持有了 1 年，那么你值得一座"年度最佳投资人"的奖杯；但是如果你持有该房产长达 30 年，你也许还会疑惑，为什么这座房子只增值了这样一点。

最基本的一点是：今天的 1 美元比明年的 1 美元更有价值。价值高多少，要看你将这 1 美元进行投资的机会。用一个简单的例子来说明：假如银行的年存款利率为 4%，那么现在的 100 美元，在 1 年后至少价值 104 美元。

所以，当你计算一笔投资的回报率时，只计算将来你能够赚到多少钱是不够的——你需要计算投资回报的现值。

在这里，我们并不打算开一门计算现值的数学课。虽然很多计算器都有计算现值的功能，但是我们还是想让大家了解一下计算货币现值的原理。

让我们以一个简单的例子开始。你投资 10 万美元购买了一块土地，并希望最终以 15 万美元的价格将其售出。那么未来销售价格的现值是多少呢？

这就要看两件事。一是多久你能卖掉它；二是这笔投资的"贴现率"是多少。对不同的人和不同的机构，贴现率是不同的。但是总的来说，贴现率就是资金的成本。如果这笔资金是一笔年利率为6%的借款，那么贴现率就是6%；如果这笔钱原本是以4%的年利率存在银行中的，那么贴现率就是4%。

我们省略掉数学计算的过程，在贴现率为4%的情况下，在5年内卖掉了该房产，那么其现值为12.33万美元，也就是说按照现值计算，你赚了2.33万美元。但假如你的贴现率是6%，10年之后才卖出去，其现值就仅为8.37万美元。所以如果这笔钱是借的，你最好别做这笔生意。

现值的一个衍生值为净现值，是用一笔投资所产生的未来现金流的现值，减去初始投资。很明显，如果你预计的净现值是负的，就不应该进行投资；如果该值是正的，那么你可以将其与其他投资方案的净现值进行比较。

这些计算可以变得很复杂。比如，在大多数投资中，投资回报并不是集中在同一年，这样的话就需要计算每一年回报的现值。同理，你的投资也有可能不是只有最初的一笔，所以你需要用贴现率将一系列的投资计算成现值，因为第二年投资的1美元，其成本比今天投资1美元要少。

当然还得记得，只有假设比较准确，这些计算才有价值。举个例子，贴现率到底是多少就很难确定。如果这笔投资来自借款，你可能会发现在投资周期中利率变化很大。而预估出来的未来现金流量更靠不住。最好是多计算几种替代方案，这样就可以全面了解可能的结果，而不会因为只考虑了一种可能性而造成损失。

最后一个你需要想一想的概念是内部收益率。这是一个用于投资评价的指标，在企业界很流行。我们在这儿也不教你怎么进行数学计算。但是这个概念相当简单。如何利用一个特定的贴现率计算一笔投资的净现值，我们已经讨论过了。而内部收益率，就是净现值为零时你所使用的贴现率。因此，在任何一笔净现值为正的投资中，内部收益率都大于贴现率。

你是否有点蒙？还想学习更多的财务知识吗？和前面一样，我们提供了延伸阅读的建议书目。第一本书是一本工作手册，在进入斯坦福商学院研究生院参加高级管理人员培训项目之前，我艰难地进行了自学。强烈推荐该书。

本章要点：

- 如果你不能掌握基本的财务知识，那么你将被它控制。
- 不要根据预算评估你的团队，应根据现实情况评估。
- 建立属于个人的财务指标仪表盘，关注那些你想要关注的数字。一个建议：流动比率——现金资产除以流动负债，如果该值小于1，就要小心了。

延伸阅读

《会计学基础》(*Essentials of Accounting*)，莱斯利·K. 布莱特纳（Leslie K. Breitner）与 罗伯特·N. 安东尼（Robert N. Anthony）著。

普伦蒂斯·霍尔出版社（Prentice Hall），1997年出版。本书是一本基础工作手册，以一种清晰明了的方式介绍了会计学的基本概念。

《经理人工具箱》(*Manager's Toolkit*)。

哈佛商业评论出版社（Harvard Business Review Press），2004年出版。对经理人来说这是一本很有用的初级读本，其中很大一部分介绍的是财务工具。

第十章　全球化

我们会在早期识别出哪些人可以成为领导者。一旦确定了人选，我们会将他们派到世界各地去。在高级管理层，每个人都至少在3个、4个、5个不同的国家工作过。

——包必达（Peter Brabeck-Letmathe）

雀巢前董事会主席

摘自《华尔街日报》"领导力课堂"系列视频访谈

2008 年的金融危机，是全球商业史上的一个拐点。

第二次世界大战结束之后，受益于美国消费者的强劲购买力和世界上最强健的金融体系，美国公司占领了世界。美国一个国家就贡献了全球经济产出的四分之一。

但在 2008 年，美国的金融体系崩溃了：著名的金融机构，如雷曼兄弟和美林证券作为独立实体消失了；其他的机构，如花旗集团和美国银行，则受到了美国政府的监管。因为一度飞涨的房价，消费者背上了沉重的债务，不得不捂紧钱包，一点一点地偿还。诚然，这场经济危机同样对世界其他地方造成了沉重打击，甚至有的比美国更严重。但是，在之后的数年，无论是美国的经济体系还是美国的消费者，都不太可能重回世界中心了。

与此同时，中国政府以惊人的稳健姿态出现在这场危机中。中国大量的外汇盈余使其理所应当地成为美国政府为应对不断膨胀的预算赤字的借款银行。而当美国政府的经济刺激政策陷入了官僚体系的泥沼时，中国则娴熟地运用有效的政策，推动了新一轮经济增长。

当然，历史可能会出现惊人的转折。之前美国也曾被预言会衰落，后来证明这预言是错误的。但看一看近来发生的事件，很难不去想"火炬已经被传递出去了"。

新的全球化时代对管理者意味着什么呢？如果想知道答案，很值得看一看下面这两位先生的"实况转播"。他们已经做出了尝试——卡洛斯·戈恩（Carlos Ghosn），法国雷诺集团和日产汽车的首席执行官；霍华德·斯特林格（Howard Stringer），索尼公司第一位外籍首席执行官。

戈恩，是一个活生生的全球化的例子。他是法国人，生于巴西，父母是黎巴嫩人。他精通四国语言——英语、法语、葡萄牙语和阿拉伯语。他管理过的公司在全世界超过 100 个国家开展业务。他生活中有相当一部分时间是在目的地不同的飞机上度过的，他的管理风格在每一个他到过的地方都留下了深刻的印记。他在法国的办公室里有三个挂钟——分别显示着巴黎时间、东京时间和美国田纳西州纳什维尔时间。

2006 年，《华尔街日报》的莫妮卡·兰利，曾经跟随他进行过一次行程紧凑的环球商务旅行。在这次旅行中，当他访问位于法国博日地区的雷诺工厂时，他说起这家汽车制造厂曾承诺过在未来三年将利润率提高 50%。

"用承诺这个词有点太严重了，"一个管理者对他发起了挑战，"而且现在跟之前提出这个目标时，环境也不同了。"

"这不是一个目标，"戈登先生强势回应说，"管理层要么就实现这个目标，要么就别干了。我本人也一样。"

戈登先生生硬的、拒绝任何借口的态度可能看起来过于粗鲁，但是对于他这样一个需要监管在不同语言、文化、地域经营的一家巨型国际企业的人来说，精细不是一个好选择。在一些方面，他以"管理过细"而出名，不仅在车辆设计、广告宣传等方面斤斤计较，甚至会关注管理手册用词、工厂地板的洁净度等方面的问题。因为他不能总是出现在每个地方，他就让他的每次出现都被充分地感知，甚至会自己选择自己公开露面时的现场音乐。

在生产紧凑型车辆的法国工厂，戈恩对高缺勤率的问题穷追不舍。"我们的缺勤率是 4%，"他斥责该工厂的最高管理层，"就在附近，标致和丰田的工厂，缺勤率只有 2%。你们有计划开除那些不守规矩的人吗？一个人缺勤，就惩罚他的团队。这个地区的失业率是14%，我需要的是那些真正想干这份工作的人。"

与戈登一样，斯特林格也是一个全球大熔炉的产物。他出生在威尔士，后来入籍美国，是一名越战老兵。在 2005 年成为索尼公司首个非日本籍首席执行官之前，他的管理经验来自哥伦比亚广播公司（CBS）。

斯特林格一度在东京和纽约之间往返，但很快发现自己在两边都遭到了攻击——但是原因大不相同。日本的金融分析师和索尼的员工，因为他住在酒店，不接触索尼的日常管理而抨击他；美国的投资人则是因为他没有快速行动解决索尼的问题。

斯特林格明显感到很烦恼。2007年，《华尔街日报》的由加里·凯恩（Yukari Kane）和弗雷德·德沃夏克（Phred Dvorak）在东京对他进行采访时，他说："看，在美国，人们告诉我要削减成本；而在日本，人们要求我不要削减成本。这是两个不同的世界。在日本，你不能轻易地解雇一个员工。但是在美国，就可以。"

对于这家曾经辉煌，但是现在落后于苹果等竞争对手的电子公司，斯特林格感到了压力，必须要快速行动。但与此同时，在索尼原有的企业文化中，有很多东西值得尊重和保留。"我不想将索尼的文化改造到让企业创立者们都认不出来的地步，"他说，"我正在寻找一种平衡……你不能在一家日本公司中采取激进行动。"

这种"文化平衡"的行动方式给他带来了"不干涉的管理者"的名声，也让他采用了一种缓慢的方式处理一些明显存在的问题。其中一个问题是如何处理久多良木健（Ken Kutaragi）。他是索尼视频游戏部门的管理者，同时也是PlayStation视频游戏平台的发明者。久多良木健素有自由侠的名声，拒绝与索尼其他部门沟通，甚至不与自己的上司们沟通。2005年，在拉斯维加斯举办的一次大型电子产品会议上，他主办了一场新款PlayStation便携掌上游戏机的发布会，却没有邀请索尼电子产品部门的执行官，而该部门也为该产品提供了零件。

斯特林格开始试图用耐心赢得久多良木健的合作。"我和他一起吃饭的次数比我和我妻子一起吃饭的次数还要多，这并不是一件正常的事。"他对记者这样说。

最终，斯特林格的耐心耗尽了。2006 年，他将久多良木健调离了日常管理岗，而这位日本执行官也于 2007 年从索尼辞职。

还有很多人甚至发觉实现全球化尤其困难。尤尔根·施伦普（Jürgen Schrempp），德国汽车制造商戴姆勒公司（Daimler AG）的首席执行官，在九十年代后期开始全球扩张，具体包括以 3.6 亿美元并购了克莱斯勒（Chrysler）、购买日本三菱汽车（Mitsubishi Motors）的股票、与韩国现代汽车（Hyundai Motor）结盟等。

施伦普的帝国大厦最终如碎片般分崩离析。2004 年，在经历了巨额亏损之后，戴姆勒结清了其在三菱的投资；同一年还解除了与现代公司的同盟关系。2007 年，随着美国汽车工业的衰落，戴姆勒实际上将它在克莱斯勒公司的权益转让给了私人投资公司赛伯乐（Cerberus）。

最近，日本证券公司野村证券（Nomura Securities）一直在努力消化他们从破产的雷曼兄弟公司那里购买的新业务。这一过程对于女性员工尤为艰难。《华尔街日报》的艾莉森·都铎（Alison Tudor）在 2009 年的报道中写到，一群雷曼兄弟垮台之前雇用的哈佛毕业生，在野村证券公司的培训中，被教导如何梳头发，如何上茶，如何根据季节不同挑选衣服。

"野村证券的头脑比其他日本银行要更加国际化，"一个前野村集团的银行家告诉记者，"但与西方投资银行相比，中间还隔着一片海。"

在全球化的世界里做管理

所以，一个管理者，能从这些具有警示作用的故事里总结出什么呢？首先，企业全球化是一个逃避不了的现实。而且，这很有可能是你作为一个管理者工作经历中的核心部分。

这对你的工作方式有非常现实的影响。其中包括：

你必须学会远程管理。从前，大部分管理者就在他们的员工附近，管理是一种人与人之间相互接触的活动。但在今天，有很大可能你的一些员工不在身边，而在数千公里之外。你可能不得不与海外团队一起管理外包业务或其他关系的业务，可能会与说不同语言的人一起工作。

这种情况下，设立清晰的、被各方认可并愿意去承担任务的目标，以及就这些目标共同认可的一套衡量指标，就显得更为重要。

当你与你的团队在一起、使用共同的语言、拥有共同的文化时，有些事你可以不必说得特别明确。但是，当你的团队在世界的另一端，你就不能这样做。

你必须学会尊重其他传统和文化。这是支持员工多元化的另外一个有利论据。你可以在你的团队中任用会多种语言、在世界各地工作过、理解不同文化的人来帮助你躲过暗礁。你必须对不同文化保持敏感性——但与此同时，你也不能让这种"敏感性"阻碍了清晰而坦诚的沟通、目标设定和问责。

如果你够聪明，你应该寻找机会出国旅行拓宽你的视野。你甚至可以去学习一门外语。这会帮你在面对世界时更有准备。

你的战略计划必须将海外发展考虑在内。过去你从来没有面对过来自海外的竞争，但并不意味着将来不会。世界在变小，大家都将在全球舞台上竞争。你必须密切关注潜在的海外竞争，同时也要密切关注潜在的海外供货商。

在开始海外冒险之前，要加倍小心。曾几何时，"走向世界！"似乎成了一个企业势在必行的道路——有点像19世纪时的"到西部去！"但我的建议是谨慎行动。像施伦普那样，没有全面分析潜在的成本和不可预测的结果就匆忙开始国际化，是一条"诱人的邪路"。回答下面这四个问题，将有助于你更好地探索全球化之路。

- 进军海外的提议能带来哪些好处？能够节约成本吗？比如，可以利用成本较低的外包资源。能够为公司的产品和服务拓展市场吗？因为国内市场已经饱和或停止增长了。能够有助于获取增强组织生存和发展能力的关键知识和经验吗？

- 你的企业是否有海外扩张的能力？你是否已经与即将进军的市场建立了联系？你是否有愿意频繁出差的员工，他们是否有监督业务和保持客户关系所必需的语言技能？而你，作为一个管理者，是否愿意承担起监管国际业务运营的责任，因为比其在国内进行同等规模的扩张，这一工作无疑会占用更多的时间和精力。

- 不要犯这样的错误，认为自己可以简单地任命一个代理人管理国际业务运营。在其他国家拓展业务是一项战略决策，如果想要取得成功，需要来自最高层的监督和管理。

- 盈利是否超过成本？这一点是很多企业犯错的地方。造成这一问题的原因是，计算出所节省的成本比较容易，比如将技术服务业务外包给印度公司，但是计算出那些隐性的成本则比较困难——跟对公司的业务一无所知的技术支持人员打交道时，客户和员工所浪费的时间和涌起的失望情绪。花一点时间研究这些潜在的成本是很值得的，然后将它们与能得到的好处做一个对比。如果两者数值相当，那就不要进行海外扩张——因为你忽视了某些成本的可能性更大。

不要被"走向世界"势在必行的理念所欺骗，做出愚蠢的决定。而我们将在下一部分讨论，这个世界并没有你认为的那样"平"。

全球化程度尚且有限

在《世界是平的》(*The World Is Flat*) 一书中，作者《纽约时报》专栏作家托马斯·L.弗里德曼（Thomas L. Friedman）描摹了想象中的图景，一个在努力理解快速全球化的世界。这部书的封面图片很棒——一艘巨大的具有哥伦布时代风格的帆船悬停于世界边缘，即将坠落。

尽管现在的世界比以前更"平"了，但事实上，它还远不是平的。正如管理学者潘卡基·盖马沃特（Pankaj Ghemawat）在其著作《重新定义全球战略》（*Redefining Global Strategy*）中说明的那样，国家之间的差异对于现代商业活动依然关系重大，并且在可预见的未来仍会如此。

有几个事实可以说明这一点。可以想一想外商直接投资——即公司在本国之外的投资——只占所有投资总额的 10%。换一种说法，公司 90% 的投资仍然是投在了他们自己的国家。

话务量本地化的情况更加明显——跨国电话通话时长在世界电话总通话时长中的占比还不到 5%。甚至美国的股市投资，虽然非常容易就可以跨境，但是还是大约有 85% 的资金是流向了美国公司。

格玛沃特追踪了可口可乐近几十年来在全球化方面的努力，以此来警示世人。20 世纪 80 年代，罗伯特·戈伊苏埃塔（Robert Goizueta）带领可口可乐迅速向海外扩张，因为他认为可乐的市场份额在世界各地都应该是一样的。他创立了一个高度中心化的体系，在全世界每个国家出售标准化的产品。

他于 1997 年去世，之后不久，这种"一招鲜，吃遍天"战略的失败逐渐为人所知，因为其海外经营情况被"披露"，公司股票大跌。这使得新任首席执行官道格拉斯·达夫特（Douglas Daft）在 2000 年 1 月发出声明："没有世界性的饮品。本地人口渴了会到他们的零售商那儿买当地生产的'可乐'。"他要求位于亚特兰大的可口可乐总部大规模裁员，并开始重新布局，让决策离本地市场更近。他的口头禅是："思想本地化，行动本地化。"最让人惊讶的是，他停止了全球性广告的投放，造成了大批广告人才流失以及市场增长率下降。2004年2月，公司宣布了达夫特退休的消息。

后来新任的首席执行官内维尔·艾斯戴尔（Neville Isdell）明确表示，达夫特"矫枉过正"了。他恢复了亚特兰大总部的部分集中管理权，包括全球市场开发的权力，但是仍然给地区经理保留了足够的权限。在确认了可口可乐品牌确实具有全球性影响力和优势，也认识到在所有市场采用一种竞争策略行不通之后，他努力找到了一种巧妙的折中办法。

简而言之，可口可乐公司必须去适应一个更小、更加一体化的，但还没有完全变平的世界。

中国榜样

世界各地的经营方式极为不同，在中国可以看到最明显的例证。在过去20年，中国经济经历了井喷式发展，这是在人类历史上从未曾出现过的。

以购买力作为指标，中国已经是世界第四大经济体[①]。中国人的

---

① 此处数据为英文原版出版时数据。——译者注

平均收入依然只有美国人的一个零头，但是中国巨大的人口数量大大弥补了这一差距。尤其是涉及一些基本商品的消费时，中国是位于首位的——比如，中国的钢铁消费量超过世界产量的三分之一。

记者、作家、道琼斯通讯社前驻中国代表詹姆斯·麦格雷戈（James McGregor）认为，中国在推动世界发展的同时，也会给世界带来改变。对照美国历史，他在《十亿消费者》（*One Billion Customers*）一书中写道：

> 中国，正在同时经历着美国20世纪20年代的金融热潮，20世纪30年代农村到城市的大移民，20世纪50年代新中产阶级的崛起（如第一辆车、第一套房、第一件时装、第一次大学教育、第一次家庭旅行等），以及某些方面与20世纪60年代的美国相似的社会巨变。
>
> 其结果是中国成为一片机遇与风险并存的土地。中国是世界最大的消费者市场，并且在逐渐成为世界工厂。对于想要开展真正的全球业务的人来说，绝不能忽视中国。
>
> 2007年，《华尔街日报》的一个团队用一系列文章，以编年体的形式报道了这种"初生"的痛楚，并赢得了普利策新闻奖。这些报道中展现的中国让人眼界大开。
>
> 也需要提醒的是，管理者在进入中国时，需要做好足够的知识储备和其他准备。

- 当今的管理者必须学会远程管理，尊重文化背景不同的员工，在制定战略时始终将海外发展考虑在内。
- 世界并不是平的。目前世界上的商业活动绝大部分还是发生在各自国境之内，甚至国际化的商业行为也是集中在同一地区或具有共同文化和传统的国家之间。
- 对其他地域、传统和文化的高度理解是很有价值的技能。

延伸阅读：

《十亿消费者》（*One Billion Customers*），詹姆斯·麦格雷戈著。

自由出版社（Free Press），2005 年出版。对于想要在中国做生意的人，这本书是最好的指导手册。

《世界是平的》（*The World Is Flat*），托马斯·L.弗里德曼著。

法勒、斯特劳斯和吉鲁出版社（Farrar, Straus and Giroux），2005 年出版。很值得一读的一本书，中间还穿插了很多全球化过程中的奇闻逸事。但弗雷德曼有点夸大了他的论点。

《重新定义全球战略》(*Redefining Global Strategy*)，潘卡基·盖马沃特著。

哈佛商业评论出版社（Harvard Business Review Press），2007 年出版。盖马沃特提供了不可辩驳的证据，证明世界远不是平的，并且未来一段时间内也不会。

《全球新舞台》(*The Next Global Stage*)，大前研一（Kenichi Ohmae）著。

沃顿商学院出版社（Wharton School Publishing），2005 年出版。大前研一提供了一种从 3000 米高处看待商业全球化的视角。这是一本很有意思的书，但是对于那些想弄明白在今天这样的世界怎样进行管理的人来说缺少实用性。

第十一章　商业道德

说到创建一个诚信尽责的组织，我认为最基本的信念是管理者必须成为组织的榜样。老话说的"上梁不正下梁歪"，其内涵也有积极的一面。

　　如果我要求员工们乘坐大巴车旅行，那我也要照章办事，而不能采用双重标准。

——拉塞尔·弗拉金（Russell Fradin）
翰威特咨询公司前首席执行官
摘自《华尔街日报》"领导力课堂"系列视频访谈

21 世纪的第一个十年，商业界的声誉遭到了可怕的打击。

最开始是安然公司破产，这一令人震惊的事件随后导致了另外一件不名誉的案件的发生——因为在试图掩盖安然公司问题中所扮演的不良角色，备受尊敬的会计公司安达信也倒闭了。之后是世通公司舞弊案，该公司错误地簿记了数十亿美元的支出，而花旗集团分析师杰克·格鲁博曼（Jack Grubman）则无耻地向世界各地的投资人兜售用假账撑起的世通股票。阿德尔菲亚通信公司（Adelphia Communications Corporation）创始人约翰·里格斯（John Rigas）被控告，其案件被美国证券交易委员会称为"有史以来在上市公司发生的最大的财务欺诈案之一"。美国泰科公司（TYCO）的丹尼斯·科兹洛夫斯基（Dennis Kozlowski）和他的首席财务官也因侵吞公司数亿美元而被控告。

在意大利撒丁岛上，科兹洛夫斯基用公款为其第二任妻子举办了一场奢华的生日宴会。宴会上的一段录像，成了那个时代标志性的图景。奢侈的宴会上摆放着一个巨大的冰雕仿照了米开朗琪罗的大卫，而大卫的阳具向外喷射着伏特加；一个做成女性胸部形状的生日蛋糕，顶端装饰着烟花；穿着罗马长袍的男人和近乎全裸的年轻女人向泳池里抛撒着花瓣，而那些近乎裸体的男人们就在花瓣中旋转。在接受审讯时，科兹洛夫斯基说："宴会很美，人也很美。"

在财务丑闻之后，紧接着是一系列首席执行官薪酬超发事件。辉瑞集团的首席执行官汉克·麦金内尔（Hank McKinnell）从办公室被逮捕，之后披露说他的工资和奖金每年高达7900万美元，并且每年还有600万美元的终生养老金。而其任职期间，辉瑞的股东们眼睁睁看着他们的股票价格下降了一半。家得宝公司的首席执行官鲍勃·纳德利（Bob Nardelli）被强制离职，部分原因是《纽约时报》一篇封面文章引发的骚乱。报纸上说尽管家得宝股价低迷，但他五年的总收入大约有2.45亿美元。他们的薪酬但就算是与这个失控时代的金融家们赚取的巨额薪资相比，也是小巫见大巫。一些对冲基金的管理者，例如埃迪·兰伯特（Eddie Lampert），他管理的 ESL 投资公司曾买下了西尔斯（Sears）和凯马特（Kmart），据说其一年的收入就超过了10亿美元。

2007年到2008年的金融危机，给公众对商业界的看法带来了最沉重的打击。一直以来，美国人对于无节制的，甚至是不光彩的财富积累方式十分宽容，其中部分原因是他们认为也许某一天，自己或自己的孩子们也会有这样的机会。但是随着经济危机的到来，这种信念动摇了。普通人眼睁睁地看着自己的房产价格和退休储蓄金下降了30%、40%乃至更多。与此同时，那些在过去十年一直领着高额薪水的金融家们，因为他们自己导致的危机，却在排着队从联邦政府手中领取了数以十亿计的政府紧急救助资金——那都是纳税人的钱。人们愤怒了。

到了2010年，"商业道德"这个词，在大部分人心中已经成了贬义词。

什么是商业道德？

彼得·德鲁克认为根本就没有什么"商业道德"。他觉得这个短语表明那些从事商业活动的人需要遵守与其他人不同的生存规则。

他写道："执行官，不应该欺骗、偷盗、撒谎、行贿受贿。但是其他人也不应该这样做。无论男女，都不应该因为他们的工作或职业就免于人类的一般行为准则。"

而解决办法，他说，是"来自他人、家庭和学校的道德观影响和道德教育"。他支持对所有人的严厉惩罚——不管是执行官还是其他人——任何人违反了规则都要遭到惩罚。

但是组织机构确实带来了特殊的道德挑战，部分原因是因为客户、供应商和员工等利益交织，很难做到像个体一样，清晰地厘清组织的合法利益。

我们举一个简单的例子：在一家著名的餐厅，一位侍者给一桌因为等菜太久而生气的客人提供了免费甜点。作为回报，客人给了这位侍者丰厚的小费。那么，这位侍者的行为值得称赞吗？他让不满意的客人变得高兴，应该因为这次成功的服务受到奖励吗？或者还是说，这位侍者犯了"盗窃"罪，用给客户减免一些用餐费用的方式换得了高额的小费呢？

对于管理者来说，分清自己的利益和组织利益的难度则更大。一般情况下，你拥有使用组织资金的权力；但是你必须做出决定，决定哪些花费是正当的，而哪些不是。出差会见一位重要的客户，肯定是符合组织利益的。但是如果客户在巴黎，你将会见安排在周五并且碰巧那个周末你的朋友也去巴黎旅行了，这种情况符合组织利益吗？你这样做是为了组织的利益，还是为了你自己的利益呢？

美国泰科的案件是一个极端的案例，首席执行官在公、私利益之间没有任何界限意识。别的不提，只说科兹洛夫斯基在第五大道有一间奢华的公寓，其装修夸张到了如此地步：6000 美元一幅的浴帘、3.8 万美元一张的双陆棋桌、10.5 万美元一个的摄政王时期的桃花心木书架，还有一对历史可以追溯到 1780 年的意大利古董扶手椅价值 6.4 万美元，而这些都是由公司埋单的。

在审理过程中，他的律师辩称这一公寓是首席执行官作为商务用途的。他们认为他张扬的消费行为，证明他并没有做错什么。他没有瑞士银行的秘密账户，没有试图掩饰，也没有任何盗窃者身上常见的偷偷摸摸的行为。这位执行官对自己的行为是完全公开的，他们认为，他一定是认为他在合理使用公司的资金，而且也得到了董事会的认可。

但法官不同意他们的辩词，科兹洛夫斯基被判至少入狱八年零四个月。

公司政策

2005年,《华尔街日报》的马克·马尔蒙(Mark Maremont),图文并茂地揭露了企业首席执行官们混淆了商务目的和个人享乐的奢侈消费。他很聪明地将由美国老年高尔夫球协会(USSGA)和其他高尔夫球协会运营的公开网站上的高尔夫球赛事成绩单与公司飞机飞行计划(通过商业航空数据服务获得)联系在了一起。

他发现各公司的首席执行官利用公司的喷气式飞机飞往高尔夫度假村的行为非常普遍,令人吃惊。

例如,在2005年1月28日,庞贝捷工业(PPG Industries)的雷蒙德·勒伯夫(Raymond W. LeBoeuf)从公司所在地匹兹堡飞往佛罗里达州的那不勒斯市,受"墙洞俱乐部"特邀参加一场18洞高尔夫球赛。他的成绩是82杆。下一个周末,他再次飞往那不勒斯俱乐部,将自己的成绩提高到了77杆。截至春天到来时,他一共飞了8趟。

佐治亚州的奥古斯塔是奥古斯塔国家高尔夫俱乐部的大本营所在地,每年的大师锦标赛都在这里举行,所以备受首席执行官们偏爱。四年中,全能电话公司(ALLTEL Corporation)的四架喷气式飞机在奥古斯塔机场降落了超过165次。一位公司发言人称,这些飞机有时会用于"客户接待"。

这些出行是对公司资金的合理使用吗?马尔蒙报道中涉及的很多公司的回应都是"YES"。例如,时任摩托罗拉公司(总部位于芝加哥郊外）的首席执行官艾德·赞德（Ed Zander），他在 9 个月中，在位于加利福尼亚的卡梅尔禁猎区高尔夫俱乐部登记了 10 场高尔夫比赛成绩。在这些赛事前后，摩托罗拉的喷气式飞机会往返于俱乐部附近的蒙特利机场。该公司援引了一份受股东委托做出的研究报告，得出以下结论：出于安全原因，在需要乘坐飞机时，赞德被要求使用公司的飞机——费用不计入其薪资。而他在 2004 年的薪资为 610 万美元，附加价值 910 万美元的无偿配股。

公司经常用这样的理由为首席执行官们的行为做辩护：这些行为符合董事会的期待。但董事会的职责是关照股东的利益，股东才是公司的所有者。例如，勒伯夫说他自己去那不勒斯的行程"符合公司政策和董事会的期待"。但是，很多董事会并没有对首席执行官们的高尔夫之旅进行监督。而且，有公司治理专家质疑，董事会里是否都是由首席执行官推荐的人员，他们可以拿到 10 万到 20 万美元不等的董事袍金，而他们的职责本该是对股东资金的使用进行充分监督。

2006 年，马尔蒙又和《华尔街日报》的记者查尔斯·佛洛尔（Charles Forelle）、詹姆斯·班德勒（James Bandler）一起，揭露了另外一种为公司的执行官们谋取私利的常用手段——期权回溯。

通过仔细研究公司记录，佛洛尔和班德勒发现很多公司似乎有一种不可思议的能力，总是能够在公司股价位于低点时给执行官们发行新的股票期权，以保证他们在股价上升时获得高额收益。例如，ACS（Affiliated Computer Services）的首席执行官杰弗里·里奇

（Jeffrey Rich）在一年中公司股价降至最低那天收到了他的年度股票期权津贴。仅仅一周之后，股价就上升了27%。而调查结果证明，从1995年到2002年，他总是在公司股价大涨之前收到他的股票期权津贴。

是因为幸运吗？里奇自己是这样解释的。但是，佛洛尔和班德勒经过计算发现这样恰好的时间点，其发生概率为三千亿分之一。那是因为当公司认为股价将要上涨时才发行的期权吗？考虑到股市的变幻莫测，这种情况同样不太现实。唯一合理的解释是当股价确定将会上涨时，再将期权的发行日期往前设定。

在佛洛尔和班德勒的分析中，有数十家公司显示出了有期权回溯的可能性，ACS仅仅是其中一家。最大的调查目标是保险界巨人联合健康集团（UnitedHealth Group）的首席执行官威廉姆·麦奎尔（William McGuire），他持有价值约16亿美元的公司期权，其中很多是在公司股价低点或接近低点时发行的。联合健康集团有一条不寻常的政策，允许麦奎尔博士自己选择期权津贴的发行日期。但是这样幸运的时间点表明他不仅仅是自己选择了发行日期，而且是在事后选择的日期。

这一丑闻牵涉到了130家公司，麦奎尔因此丢了工作，此外还导致了超过50名执行官和董事被解雇或退休。"这次与期权相关的调查所披露的公司、执行官和公司董事的数量之大，令人吃惊。"美国证券交易委员会前总会计师林恩·特纳（Lynn Turner）这样对《华尔街日报》说。

然而，还是有些涉及丑闻的执行官毫发无损地逃脱了惩罚，他们辩称他们什么都没做错。其中值得注意的是苹果电脑的首席执行官史蒂夫·乔布斯，他意识到公司为一些期权津贴选择了有利的发行时间，但是由该公司自己的董事会进行的调查得出结论是他没有牵涉其中。

此次期权丑闻代表了另外一种商业界混沌的道德认识方面的流行病。期权最初是作为一种嘉奖以激励员工致力于公司发展。但如果期权实际被授予的时候其价值已经上涨了，就没有激励作用了。

这种津贴，可以看作仅仅是公司给有价值的雇员支付报酬的另一种方式。但如果只是直接的报酬，那公司为什么不简单地用工资或奖金的方式发放呢？是有些人想要对另外一些人隐瞒这笔报酬吗？也许是对股东？或是对美国国内收入署（IRS）？

这些问题引出了一堆错综复杂、很难理清的议题。但归根结底，这些案件还是不道德行为引发的问题。很明显，其中有欺诈行为——公司在期权交付的时间上撒了谎；其中有侵吞公司资金的问题——津贴获得者通过期权回溯挣到的钱实际上是从其他股东那里"偷"来的。

从丑闻时代得到的教训已经非常清楚了。复杂的大型公司给管理者充足的机会模糊员工、股东、客户、供应商、纳税人等各方正当所有权的界限。但最终仍然是道德问题，很多复杂的方案仅仅是乔装打扮了的谎言、欺骗、盗窃和贿赂。作为一个管理者，你需要不断思考，不是思考你能拿走什么，而是思考什么是对的。你需要当心那些可能引发可疑结果的复杂方案。在道德问题上，相对于一本复杂的管理规定，自己的直觉往往更加可靠。

这里还有一点要牢记于心——管理者有一个重要的作用是榜样引领——你肩负重任。如果你能细致地区分组织和你个人之间的正当利益，如果你不进行对自己有好处但对组织没好处的消费活动，如果你不会因利乘便地抬高售价或压低进价，如果你不允许任何人在业绩和财务指标上玩花样，那么别人会更有可能追随你。

如果你做相反的事，你可能很快就会发现你自己成为了失德的牺牲品，众叛亲离。

创建一种有道德的文化

坚持美德会有回报吗？

近些年来，很多商业领袖都提出，之所以坚持较高的道德标准，是因为这是一笔划算的买卖。

他们认为，如果你的道德标准较高，客户将更愿意从你这里采购，员工更乐于为你工作，最终会反映在账目的最后一行上。正如经济合作和发展组织（OECD）在1998年的一份报告中指出的："关注合理的社会关切，从长远看，将对各方都有利，也包括投资者。"

对于那些愿意相信资本主义最终能治愈自身顽疾的人来说，这是一个令人欣慰的观点。

但是，在《价值转移》（*Value Shift*）一书中，哈佛商学院的林恩·夏普·佩因（Lynn Sharp Paine）说："道德价值观和财务规则将会自然地相符，是一种错误的观念。在太多的案例中，不道德的行为，既有长期的，也有短期的，最终都得逞了。"

所以，她认为道德规范应该成为公司中单独设立的纪律规定，而不是和财务纪律混为一谈。她强调管理者应该将道德规范作为核心工作的一部分，以保证组织始终是按照道德标准在运行。

应该怎样做呢？正如上文谈到的，树立正确的榜样非常关键。除此之外，提出正确的问题是一个有用的指导原则。佩因认为所有重要的决策和行动都应接受一系列提问的考验，这些问题是围绕"4个P"提出的（不知道你发现没有，商业作家喜欢押头韵）。

- 目标（purpose）——这一决策或行动的目标是否有价值？我们的目标对人们的生活是否有益？我们选择的这条路是否有合理基础？
- 原则（principle）——这一行动符合相关原则吗？在这种情况下的相关行为准则是什么？这样做会与我们的理念、目标、法律或公司行为准则相抵触吗？有没有相应的道德标准需要被考虑在内？
- 人（people）——这一行动是否尊重了那些可能受到影响的人的合理诉求？这一行动直接或间接地会影响哪些人？谁将会从中受益？谁会受到伤害？
- 权限（power）——我们有这样做的权力吗？根据相关法律、

契约、协议以及股东预期，我们合理的权力范围是什么？我们得到了必需的批准和同意了吗？我们有足够的资金开展行动吗？这样做会不会侵犯他人的权利？我们是否充分利用了互利互惠的机会？

在组织制定决策的过程中，将这些问题作为一种原则，能够保证组织考虑到行动的道德后果。

企业的社会责任

如前文所说，组织的道德基础相当简单：不撒谎、不欺诈、不偷窃、遵守法律和社会规范。

但近几十年来，要求企业进一步参与社会福利活动的呼声越来越高。这种对美国企业的施压始于 20 世纪 70 年代，当时一个宗教团体和其他一些非营利组织开始向企业界施压，要求停止向施行种族隔离政策的南非投资。大约在同一时期，"美国犹太人大会"号召股东行动起来，对抗那些大会怀疑支持"阿拉伯抵制以色列活动"的公司。在之后的几十年中，环境保护组织成为主力，强烈要求企业停止那些他们认为会破坏环境的采矿、钻探和采伐活动。

今天，公司责任已经成为一项成熟的运动，得到了联合国的认可，并且有自己的专用缩略名称：CSR。特别是在欧洲，很多企业都引入了所谓的"三条底线"。从理论上讲，那意味着他们在衡量自己的行为时，不仅是为了自己的目标或利润，还要考虑到对人类和地球的影响。公司经营的目标不再只是简单地为股东谋利，还要惠及"利益相关者"——而"利益相关者"的定义范围非常广泛，包括公司行为可能影响到的所有人。

经济学家米尔顿·弗里德曼（Milton Friedman）于 2006 年去世，他生前一直强烈反对这一运动。他大声疾呼，企业的社会责任就是创造利润。执行官们应该诚信尽责、遵守法律，但是如果他们的使命被大量互相冲突的社会指令弄得太复杂，他们就会失败。让亚当·斯密的那只看不见的手发挥作用吧，让人类的共同逐利行为转化成更广泛的社会效益。

甚至一些自由主义者，比如美国劳工部前部长、经济学家罗伯特·赖克（Robert Reich）也接受了 CSR 运动。他认为制定法律保护人类和环境是政府的职责，但当政府没有做到时，这也不是企业的职责。在达沃斯论坛的一场会议上，当被论坛组织者克劳斯·施瓦布（Klaus Schwab）问到在全球变暖这类问题上企业应该承担的责任时，英国前首相托尼·布莱尔（Tony Blair）回应了赖克的观点，他说："企业的首要责任就是经营好自己。"

但是，正如德鲁克曾经指出的是，对社会负有责任是现代企业逃避不了的现实。如果企业正在污染空气和水，如果企业对员工和附近的居民造成了伤害，如果企业生产的产品不安全，或者企业的所作所为损害了人类的权利，那它就得对此负责。

除此之外，任何组织都不能完全忽视自己的经营环境。"在一个病态的社会中，不可能存在健康的企业、健康的大学和健康的医院，"德鲁克写道，"尽管社会出现弊病的原因不是企业造成的，但是建设一个健康的社会，企业也会从中获利。"例如，如果公共教育体系发生了退化，企业就有责任去解决这一问题，其中部分原因是因为公共教育体系是企业长期生存的基础。

20 世纪前十年的丑闻进一步强化了人们对大型上市公司履行社会责任的要求。我写过一本关于 2005 至 2006 年首席执行官频遭解雇事件的书，名为《反对董事会》(*Revolt in the Boardroom*)，在书中我表达了自己的观点——大型上市公司是一种政治机构，需要得到公众的支持才能生存和发展。如果它们像在丑闻十年中一样失了民心，最终就会威胁到自身的存续。

在 21 世纪的前十年，雷富礼大部分时间都在担任宝洁公司的首席执行官，作为一个新派的企业领袖，他深知这个道埋。在一次采访中，他向记者解释说他的前任十分关注"股东"问题，而他更愿意谈一谈"利益相关者"的问题。我请他告诉我哪些人算是"利益相关者"，他提到了他的员工、宝洁数以千计的客户、公司的管理者，还有同样数量庞大的供应商。利益相关者包括了那些分布在 160 个国家的潜在客户，以及这些人所居住的社区。

在他说完之后，我都想象不出，地球上还有谁不是宝洁公司的"利益相关者"。

在同一时期，沃尔玛的首席执行官李·斯科特（Lee Scott），也是这样一位新派领袖。2000 年初，他一上任就发现自己需要面对一项艰难的协调活动——工会资助的组织正试图证明沃尔玛对员工和门店所在的社区不友好。斯科特对此发起了进攻，并将首席执行官任期中的很大一部分时间用来向世界证明沃尔玛实际上对于"三重底线"（经济底线、环境底线和社会底线）十分关注，沃尔玛不仅要赚钱，还要为人们创造优质工作岗位，建设更健康的地球。

在与强调企业社会责任的首席执行官们交谈的过程中，我发现了另外一个共同的主题：他们中的很多人说他们这样做是为了自己的员工。

让我们回想一下第三章，激励。现代工人希望工作能让自己感觉良好，而这一点经常会被解读为他们希望能在一家"做好事"的公司工作。通过在解决环境问题或其他社会问题过程中主动作为，公司会对那些致力于解决这些问题的人产生吸引力，或者说会对那些公司想要招聘的人产生吸引力。特别是科技类公司，它们无时无刻不在为优秀人才而竞争，据称它们发现员工更愿意为有社会责任感的企业工作。

管理者薪酬

首席执行官们飞涨的薪酬引燃了公众对企业的愤怒。这并不奇怪。在最高峰的那几年，第一资本金融公司的理查德·费尔班克（Richard Fairbank）一年就能赚到 2.5 亿美元。甚至是在发生金融危机的 2008 年，他们的收入水平也仅下降了 3.4%。

联邦政府用纳税人的 500 亿美元帮助花旗银行度过了生存危机，

但是其首席执行官维克拉姆·潘迪特（Vikram Pandit）2008年的年薪仍达到了3800万美元。这一年，迪士尼的鲍勃·艾格尔（Bob Iger）的年薪为4900万美元，摩托罗拉的桑杰·贾（Sanjay Jha）的年薪为1.04亿美元。

对此持支持意见的人辩称，这些人的薪酬是按照市场行情定的。这些首席执行官的年薪基本上是随着他们任职公司的市值在增长。他们还指出，电视明星和体育明星的收入也同样在飞涨。

但如果说执行官们的薪酬是由市场决定的，那这也是个可笑的市场。与公司合作的薪酬顾问常常会看一下其他公司的薪酬水平，然后建议一个稍高的数字。就像是《沃伯根湖》（*Lake Wobegon*）里的孩子们一样，每个人都想比平均水平高一些。结果就成了一架不停上升的电梯。而且，当公司业绩下滑，执行官的薪酬却一般不会下降——即使是下调，比例也不会太大。

此外，公司董事会的激进行为也导致了首席执行官薪酬水平的上升。那是因为心怀不满的董事会在开除了一个首席执行官之后，他们必须得再找一个新的首席执行官。但在大多数情况下，他们没能在内部准备好接班人，所以只能从外部高价聘请。

对首席执行官高额报酬的不满，催生了要求政府限制企业高管薪酬的建议，还有人建议制定允许股东否决高管薪酬方案的法规。与此同时，一些执行官开始感觉到高额薪酬方案是件麻烦事。执行官的高薪让员工觉得疏远，还引起了公众以及华盛顿的政治家们的愤怒。现在将薪酬压低一点，长期来看结果可能会更好。

本章要点：

- 管理者不应该欺诈、偷盗、撒谎、收受贿赂。组织里的其他人也不应该这样做。

- 从公司偷东西也是偷。

- 只采用商业性激励不足以保证建成一个有道德的组织。你需要在决策过程中引入道德要求。

延伸阅读：

《傻瓜的阴谋》(*Conspiracy of Fools*)，库尔特·艾欣瓦尔德(Kurt Eichenwald)著。

百老汇出版社(Broadway Books)，2005年出版。本书极其详尽地描述了安然公司的企业文化是怎样走上歪路的。本书篇幅很长，但读起来像是一部惊悚小说。

《价值转移》(*Value Shift*)，林恩·夏普·佩因著。

麦格劳希尔集团(McGraw-Hill)，2003年出版。一位哈佛大学教授教你如何将符合道德要求的决策过程引入组织核心。

《反对董事会》(*Revolt in the Boardroom*)，穆瑞澜

（Alan Murray）著。

柯林斯出版社（Collins），2007年出版。本书展现了2002年的诸多公司丑闻是怎样剧烈地改变了首席执行官的工作。

第十二章　自我管理

在时间管理方面，我为自己的做法感到自豪……我用的是一份电子表格。我用它规划未来一年的时间，包括多少时间在西雅图，多长时间在外地。我为自己的时间分配作了规划——客户、合作伙伴等。我还规划了所有的正式会议。在时间规划里，还有定期的周假、日假和半日假……我还有年纪很小的孩子，我最多只能忍受每年有85到90个晚上不在家陪他们。规划好之后，我会把这个时间分配表交给我的助理们，他们会把一切都安排好。之后，当有人需要我安排时间给他们时，他们会说："史蒂夫，这个在你的计划里或者这件事不在计划里。你希望我们怎样处理？"

——史蒂夫·鲍尔默（Steve Ballmer）

微软公司前首席执行官

摘自《华尔街日报》"领导力课堂"系列视频访谈

生意永远是个人的事。这是世界上最私人化的事情。

——迈克尔·斯科特,《办公室》

　　这本书一直都在强调,想要成为一个成功的管理者,你必须将组织的需求置于自己的需求之上。管理是一份高尚的工作,它要求你将自己奉献给一份比你更重要的事业。

　　作为管理新人,这种过渡可能会让你感觉特别艰难。很有可能你之所以被任命为管理者,部分原因就是因为你自己的成功。你表现得很出色,你超越了所有人的期待,你获得了优秀的成果,你是办公室里的明星。你值得被嘉奖。

　　然而,突然间,工作不再是你个人的事儿了。

　　作为一个管理者,你不得不放下对个人成功的思考,转而关注团队的未来。你不能再把身边的同事当成竞争对手,或者是前进路上的潜在障碍。新岗位需要你去培育他们、训练他们、帮助他们成功,最终不是从你自己的成功中,而是从他们的共同成功中获得满足感。

为做到这一点，你需要自知、自信、沉稳、理智。你要做到电视剧《办公室》里迈克尔·斯科特和呆伯特所做不到的一切。甚至，当你想到你身边那些失败的管理者时，你会不禁要问：为什么我们要把这一章放在最后呢？在很多方面，管理你自己所带来的挑战是所有挑战中最大的那一个。

正如之前讨论过的，人类具有一种独一无二的能力——自我察觉。我们可以俯视自我，分析自己的行为，然后选择一个与自身情感需求、直觉、习惯或经验所指示的完全不同的方向。

但是具有自我觉察的能力并不等于就能真正的自知。而找出你感觉正确的事和真正正确的事之间的差别，之后根据这些差别采取行动，是一项无比困难的任务。对于管理者来说，这种挑战具有双倍的复杂性。你必须不断地问自己：我做这件事是因为它对我来说是正确的，还是因为它对组织来说是正确的？

让我们来看一个看似简单的决策。这个决策是在卡特里娜飓风袭击了新奥尔良之后，好事达保险公司（Allstate Corporation）的首席执行官爱德华·M.利迪（Edward M. Liddy）所做出的。好事达是美国排名第二的住宅和汽车保险公司，它在受到飓风侵袭的路易斯安那、密西西比和亚拉巴马三个州承保了 35 万套住宅。该公司一定会因索赔损失数十亿美元，并且当时整个世界都在关注着事情进展。好事达处理这些索赔的方式，不仅将决定该公司的存亡，也同样将决定它的客户和下一代公众怎样看待它。

当飓风来袭时，利迪取消了所有日程安排，以便能集中精力关注灾难发生情况。他首先进行了检查，确保在灾区有足够的理赔核算人，并且保证他们有地方住、有安全的交通工具、有移动通信设备，有在现场快速作出决定所需要的信息和指导意见。

之后，他必须作出决定：他是否应该乘坐直升机飞往灾区？

对于一个政治家，去视察像卡特里娜飓风这样的灾难现场是一个扬名全国的机会。比如，想一想"9·11"事件对纽约市长鲁迪·朱利安尼（Rudy Giuliani）的影响。对于好事达的首席执行官，效果可能会是相似的。公众的注意力都集中在灾区。如果利迪飞过去，直接监督理赔过程，他将受到广泛报道，并将长久地在人们心中留下一个富有同情心的实干家的印象。此外，因为此事能为好事达的公共关系带来益处，他的行为也是合理的。

利迪动心了。但是，他最终决定不去灾区。为什么？在飓风袭击过去一周之后，他告诉《华尔街日报》的记者："如果最高管理层去了新奥尔良，我们只会碍手碍脚。"如果他去了，他说，那么他的员工将会在他身上"耗费时间和精力"，而不是"用在重建客户生活上面。那才是更重要的事"。视察新奥尔良灾区对他来说是一件好事，但是对于好事达公司并不是。

管理者每天都要面对这样的决定——有时候，一天甚至有好几个。处理它们，是对你作为一个管理者的勇气（mettle）的持续测试。认真思考一下下面这些每天都有可能会出现的情景：

- 你的上司表扬了你们小组新近完成的一个项目。这时候的你会：（1）享受此刻的荣耀；还是：（2）抓住机会告诉上司你组里的某一两个人作了特别突出的贡献？

- 对于一个职位你有两个候选人。一个能够胜任这个岗位，而且特别忠诚；另外一个能力更强，但富有野心，急于向上爬。你会选哪一个？

- 你的一名下属制定了一个计划，你表示了完全同意，但是后来证明该计划是有缺陷的。你会：（1）对支持这一计划承担全部责任；（2）在公开场合承担责任，但是巧妙地让大家知道是你的下属"让你失望"了。

- 你有一个女性员工，比组里任何人，包括你自己，都更聪明、更敏捷、更有创造力，工作更努力，而且表现得越来越明显。你会：（1）不断寻找新的机会展现她的能力；（2）怕她会让你和其他人相较之下显得黯然失色，你会鼓励她放松一点。

就像这些例子所展示的，对组织"正确"的决定有时候对自己来说是"错误"的。为作出正确决策，你必须有工作安全感。但是在现在这样动荡的商业环境中，谁又能有真正的工作安全感呢？为能够做正确的事，你需要坚信只要你的行动能为组织获得最大利益，未来就一定会获得回报。但是我们之中又有谁真的对老板抱有如此的信心呢？

你也许是一个最优秀的管理者，但是那并不意味着你的上司也是。如果他或者她选择一个更有野心、要价更低的下属替代你怎么办？表扬他人、雇用上进的员工、为他人错误承担责任、让下属表现自己都是对组织有利的行为，但是在错误的环境中，有可能会伤害到你自己。

确实，好的管理，其核心有一个基本冲突：最好的管理者总是在努力创造一个运行良好的组织，好到他本人可有可无的状态。如果他们成功了，他们就成了多余的人。但是当他们真的成了多余的那个人，那下一步该怎么办呢？

在本章中，我们将提供一些实用技巧，教一个好的管理者怎样管理"坏"老板——这是一个重要的生存技巧。

除此之外，我们鼓励你这样想——好的管理本身就是一种奖励。在本书中，我们会教你怎样充分利用你的组织。之后，我们所能盼望的结果不言自明。

自我控制

成了管理者之后，你很快就会发现，需要压制很多曾让你在职场取得成功的本能和反应方式。特别是新任管理者可能仍然想的是怎样让自己领先，而不是带领团队领先。下面是一些建议的反应方式。

- **抑制总是想赢的愿望。**也许你曾经为你在内部辩论中总是占上风而骄傲。你旁征博引、充满热情地表达自己的观点，将对手驳得哑口无言。这也是你被提升为管理者的原因之一。但如果你在你所管理的员工身上沿用这种辩论的方式，你很快就会发现他们不会再有与你争辩的愿望了。如果想要鼓励员工自由思考、充分交流，那么你就得管住你自己。

- 不要坚持精益求精。在你还不是管理者时，你可能总是会对别人的建议进行优化。假如乔有一个好主意，你可能会回应说："我很喜欢这个主意，但我觉得这里再改一点会更好。"但是，作为管理者，这样的评论可能会给下属带来"泼凉水"似的情感冲击。你需要不吝于赞扬，慎用"但是"和"然而"。

- 不要评论太多。也许你被提拔的原因恰恰是你对每件事都有尖锐的观点。但是作为管理者，你需要鼓励其他人发表自己的观点。如果员工的每一个观点都当场遭到犀利批评，他们就不会再发声了。这还是需要你管住自己。不要立刻对听到的想法作出判断，否则之后你就听不到了。比起之前，在成为一个管理者之后，你的刻薄评价对人的伤害更大。

- 避免故意发表显示自己聪明或博学的评论。当有人跟你说了一个新想法，不要说"我就知道"或"我三年前就提过一样的建议了"。

- 生气时不要说话。本节都是在讲控制自己的问题。当你生气时，你肯定已经失控了。

- 不要隐瞒重要信息。信息也是一种权力，一些管理者不愿意分享信息，希望借此强化自己的权威。这不是个好主意，因为缺失了这些信息，会影响员工的工作效率。作为管理者，你应该努力扩大信息传播范围。

- 不要过度表扬，但也不要忘了及时给予认可。你的员工一直在关注你怎样处理这些情况。

- 不要找借口。在各个方面，你都是员工的榜样。如果一出现错误你就找借口，你的员工也会这样做。

- 勇于承认错误。每个管理者都会犯错，区别在于：优秀的管理者会很快认错和改正，并吸取教训。

- 倾听。你走到今天也许靠的都是自己的才能，并没有学会倾听这一技能。但是作为一名管理者，你现在需要依靠他人。如果你不能学会听取他们的想法，你就无法利用整个团队的集体智慧。

自我管理

让我们面对这样一个现实：评估自己的优缺点比评估员工的优缺点难度要大，但是两者一样重要。你需要了解你在公司中的位置，你作了哪些贡献，你什么时候提升了公司业绩，什么时候拖了后腿。而人类天性中的否认和自欺让这个任务特别困难。

如果幸运的话，你的上司或导师可以帮助你看透迷雾，给你有益的反馈。但大多情况下，你会发现你只能靠自己。因此，你需要建立自己的激励反馈机制。下面是一些建议：

首先，从各方面考虑，我们都提倡"开门"办公——当然，开放式办公更好。与你一起工作的人需要知道你是可以接近的。你得让他们能够很自然地走到你面前，提出问题、质疑你，或者告诉你一个坏消息。他们需要知道，如果走进你的办公室，把坏消息告诉你，你不会"枪杀信使"。当然，有人过来问你他本来就知道答案，或本该知道答案的问题，浪费你的时间，你也可以表达恼怒。但是如果你对告知你坏消息的人生气，或者对那些对你所作的决策或采取的行动表示异议的人生气，受损失的只会是你自己。"开门"办公、鼓励员工提出质疑，你就能够得到重要的反馈，帮助你在组织中占据信息高地，同时能够帮助你监督自己的行为。

你可能会发现，即使采取了"开门"办公的政策，良性反馈还是很少。这是人类的天性——员工会避免质疑他们的上司，同时粉饰他们上报的信息。为防止这一现象，需要确保你在组织中有一到两个信任的人是你真正的信息来源。他们不得不告诉你的事不一定总会让你高兴，但是你可以从他们的忠告中受益。

作为一项正式的活动，进行反向评估，或者"360度"绩效考核是一个好主意。就像是你对员工的绩效进行评估，你也可以要求员工对你进行评估。如果你担心他们在给你打分时不诚实，那就让一个中间人去收取匿名的打分表，然后把重点的分数加总之后告诉你。几乎可以确定的是，你会从中发现一两个你自己发现不了的可以改善你个人表现的问题。

学会授权

作为一个管理者，授权是你必须要做的事。但对于很多人来说，这也是最难的一件事。

想象一下，你管理着一个团队，经过仔细地分析之后，你得出了这样的结论：在团队承接的每一项任务中，你都能比其他人做得好。

这种情况有两种可能性：（1）你对自己不够诚实；（2）你创建团队的工作没做好。但我们暂且不提这些，就说如果你真的在每个方面都比其他人优秀，怎么办？自己一个人把工作全都干完？

答案当然是否定的。如果真的尝试自己去做，那么也只能完成一点点。这时候，你应该去了解一下经济学家所说的"比较优势"理论，并把它运用到工作中。你需要决定相对于其他员工，一个员工做什么工作能够贡献出他的最大价值。还有最重要的是，你需要确定什么工作是你能贡献最多的，然后把你的精力集中于那儿。

对"比较优势"的理解是成功授权的关键。你是不是经常看到一个管理者将一项任务交给了某员工，然后又因为该员工没有做到应做到的程度而斥责他？你是不是经常听到管理者抱怨说自己一天工作20个小时，但是员工们却闲待着，因为他们什么也做不好？这样的管理者都没有学过"比较优势"理论。

在不会授权背后，常常都隐藏着恐惧和不安全感。管理学是一门宏大的，又看不见摸不着的学问，很难说一个人在管理中是成功还是失败。结果就是，很多管理者有时候会退缩，只做他们知道自己能完成好的任务，而不是去应对那些需要他们去做的规模更大、更有挑战性的任务。

但是，不愿授权，是管理失败最大的原因之一。你也许认为，通过展示你做什么都比其他人做得好能证明你的价值。可实际上，情况恰恰相反。

在考虑授权问题的时候，请把这两点牢记于心：

- 作为一个管理者，你的工作是将每一名员工推到他或她能实现的最高标准，而不是你在做同一件事时你能达到的标准；
- 你要记住，正如前面所说的，你最终的成功是建立一个让你显得多余的组织。

最后，记住海军上将斯托克代尔的一句话会对你很有帮助：

"虽然听起来很奇怪，但是伟大的领导者因为交出权力而获得权力。"

管理上司

正如我们在本书开始时说过的，好的管理常常是在"狂澜既倒、大厦将倾"时闪光。因此，在职业生涯的某个节点，你有很大概率会为一个拙劣的管理者工作。那也没什么。即使有一群不太靠谱的上司，优秀的管理者仍然能够取得成功。但是，在这种情况下想要生存下来，仅仅是一个好的管理者可能还不够。所以最后，我们给你提供一些对付上司的新诀窍。

首先，谁是上司？现在，这个问题已经不像20世纪50年代（《穿法兰绒西服的男人》的时代）时那样好回答了。在一个结构矩阵化的组织里，你可能会有很多个上司，或者至少是，有很多人认为自己是你的上司。或者说，更重要的是，当涉及对你的考核、发薪或提拔时，很多人的意见会起作用。

所以，一个好的起点是列出一个名单，写下那些在某种意义上可能会认为自己是你的上司的人的名字。如果你是一个创业者，那名单里肯定有你的投资人；如果你运营着一个非营利组织，那名单就是你的董事们；如果你在一个大型的组织中，你可能需要以各种形式向不同上司汇报。你需要制作一个完整的名单，并按照重要性来排序。

其次，到每个上司那里去寻求"输入数据"。询问他们你要怎么做，才能给他们提供帮助或为他们的工作提供便利，得到他们对你的工作建议。你在问他们这些问题时，他们对你的激赏可能会让你感到吃惊。如果你以让上司们感到轻松作为开始——让他们知道你的存在是为了让他们看上去更好——你将经常发现他们会用支持你作为回报。

第三步，让你所有的上司消息灵通。在与他们交谈时，确定他们每个人想要从你这里得到的信息。他们想要月度简报吗？如果想他是想要纸质的还是你亲自汇报？在这些简报中他们希望包含什么特别的信息吗？你可能需要准备不同版本的报告以适应不同上司的需要，但从长远来看，这件事值得去做。

同样，当你的计划出了问题时，请尽快告知你的上司。没人喜欢被坏消息突然袭击——因为这常常意味着当众羞辱。任何关于你管理的团队的坏消息，保证你自己是第一个将它传递出去的人，这是个可取的做法。也许你并不愿意成为坏消息的送信人，但是相信我，这比让别人去说强多了。

女性在职场

在第四章中我们提到过，职场中有一整套行为会与女性特质联系在一起，而它们往往会阻碍女性的职场进阶。

作为一个管理者，你的责任是避免创造一种过度"男性化"的文化，从而避免对有类似行为方式的人产生歧视。

但是，如果你是一位女性，你最好能巧妙地避免或弱化这些行为。

在《好女孩没职升》（*Nice Girls Don't Get the Corner Office*）一书中，作者露易丝·弗兰克尔（Lois Frankel）提出了毁掉女性职业生涯的 101 条"无意识错误"。在这里，我只给大家列出其中一些特别常见的。

例如，常见错误是"假装这不是一场比赛"。她说，男性倾向于将职场当作竞技场，他们的目标是获胜。女性则更倾向于将其视作一项活动——就像是一次野餐、一场音乐会、一场慈善晚会——大家一起快乐地玩儿一天。她写道："当我们（女性）想要创造一种双赢的局面时，却在不知不觉之间促成了一种"有输有赢"的局面——而我们就是输掉的那一方。"

弗兰克尔推测，随着女性竞技体育的兴起，越来越多理解游戏规则的女性进入职场，这种差异将会随着时间慢慢消除。

讲话方式也是一种重要差异。弗兰克尔建议不要用疑问句式代替陈述句，尽量少用"我只是……那只是……"这样的词，也不要过度致歉。

另外，你的外表也很重要。弗兰克尔对女性不合时宜的微笑或避免强势的姿态进行了批评。

建立你的个人品牌

如果你按照本书中所有的内容去做，那么就一定能保证你一生都是成功的管理者吗？

嗯，不好意思，答案是否定的。

即使是最优秀的管理者也会遭遇挫折和失败。在当今世界，即使是那些管理最为完善的企业也会遇到不可预料的难关。并且，比起二三十年前，职场已经变得没有那么宽容了，离职已经变得越来越司空见惯。你在一家公司入职并一直工作到职业生涯结束的可能性几乎为零。你必须时刻磨砺自己，准备好去迎接变化。

这意味着正确地看待工作，比起以往任何时候都更重要。工作从来都不能，也永远不能替代朋友和家庭。你需要一直在这些关系上付出时间和精力。因为比起你的老板，他们和你的关系要忠诚和长久得多。

你还需要注意发展自己，这样即便你现在的工作没有了，你也已经准备好了迎接一个新工作的挑战。将你的生命看作一个不断受教育的过程，在这个过程中你不断努力积累各种各样新的技能和经验，而它们会在你人生的下个阶段派上用场。将自己视作一个品牌，你就是品牌经理，不断提升品牌的品质，你的价值会随时间而增长。

我们将用彼得·德鲁克的话结束这本书，他至今仍是提到管理学时必须要第一个提到的人。他写下了生命中的一些经历，这些经历告诉他要"保持自己的效率，有能力成长，有能力改变，有能力在变老的同时而不被过去所束缚"。以下是其中的三件事：

朱塞佩·威尔第（Giuseppe Verdi）给他的教育：德鲁克年轻时经常去听歌剧，因为"它的欢乐，它对生活的热情，它令人难以置信的活力"。一场名为《法斯塔夫》的表演让他印象深刻。《法斯塔夫》的作者是 19 世纪意大利作曲家朱塞佩·威尔第。

之后，德鲁克了解到威尔第是在80岁时创作了这部作品。很长时间之后，他仍然记得清清楚楚，这位作曲家曾写道："作为一个音乐家，我一生都在追求完美。它总是在躲避我。我觉得我必须再试一次。"

菲狄亚斯（Fheidias）给他的教育：在追寻自我完美的过程中，德鲁克发现了菲狄亚斯的故事。菲狄亚斯被认为是古希腊时代最伟大的雕塑家。公元前440年，他被委任制作帕提农神庙屋顶上的雕像。但是当他将工作账单递交上去的时候，故事成了这样——雅典的会计官拒绝支付。因为这些雕像立在神庙的屋顶上，而神庙坐落在雅典最高的山峰上，人们只能看见这些雕像的正面。这位会计官说："你的要价是圆雕神像的价格，包括了雕刻雕像背面的钱，可是没有人能看见背面。"

菲狄亚斯回答说："您错了。神可以看到他们的背后。"对此德鲁克说，他在工作中一直记着这段辩论。

新闻工作给他的教育：德鲁克最早在德国法兰克福当记者，他很喜欢那份工作，因为在新闻界，他不得不被动地学习新的知识。

他总是利用晚上的时间研究不同的学科——历史、法律、金融等。他说他当时开发了一种方法并坚持了一生。即每隔三到四年，他就会挑选一个新的学科——比如，统计学、中世纪史、日本艺术——然后对其进行研究，强迫自己不断地扩展自身的理解力和知识面。

"成功人士，"他写道，"将持续学习作为他们的生活方式……他们在不断尝试。他们不会满足于昨天已经做过的事。他们对自己的终极要求是无论是在做什么都要做得更好，并且不仅如此，他们还要求自己以不同的方式去完成。"

尽管本书一直在谈论怎样建设伟大的组织，但最终不是组织本身，而是组织中的个体承担起了引领组织实现卓越的重任。我们希望本书能够在你追求卓越的道路上对你有所帮助。

- 作为一个管理者，你需要放下将自己的成功放在第一位的想法，转而思考组织的成功。
- 你的员工可能对你不够诚实，所以，你需要找到能对你自己的表现有真实反馈的方式。
- 你卓越的管理成就将会创造出一个让你显得多余的职场。
- 让你所有的上司都充分知情，避免突袭。

延伸阅读：

《管理学》（*Management*），彼得·德鲁克著。

柯林斯出版社（Collins），2008 年出版。德鲁克关于管理自己和管理老板的著作，至今仍然不输给任何其他著作。

《轻松做老板》（*It's Okay to Be the Boss*），布鲁斯·塔尔干（Bruce Tulgan）著。

哈珀柯林斯出版集团（Harper Collins Publishers），2007年出版。一本实用的管理者行为指南。

《疯狂的老板》（*Crazy Bosses*），斯坦利·宾（Stanley Bing）著。

柯林斯出版社（Collins），2008年出版。本书仅供娱乐，它能提醒你不只是你一个人遇到了坏老板。

《魔鬼管理学》（*What Got You Here Won't Get You There*），马歇尔·古德史密斯（Marhsall Goldsmith）与马克·莱特尔（Mark Reiter）著。

海伯利安出版社（Hyperion），2007年出版。本书关注的问题是那些帮助你走上管理岗位的自我营销技巧会如何削弱你作为一个管理者的表现。

《好女孩儿没职升》（*Nice Girls Don't Get the Corner Office*），露易丝·弗兰克尔著。

华纳商业出版社（Warner Business Books），2004年出版。本书讲述了职场女性的101个常见错误——在"男性化"的职场中，女性怎样生存和发展。

后　记

　　管理学不是一门科学知识。别让别人对你说三道四。

　　20世纪最自负的想法之一就是认为人类的行为和人类的制度可以用物理学的方法分析。这是一个强大的概念，并不乏有用的深刻见解，还充满了先进的学术思想。但最终证明，这是一种刚愎自用的想法。

　　人类终极的欢乐和失望正是因为我们并不是按照固定的规则行事，而我们的生活和我们建立的体系充满了爱、恨、欢喜、妒忌、荣誉、腐败、贪婪和自我牺牲等——那些所有让我们之所以成为人的特征。很早之前彼得·德鲁克就认识到了这一点，当他与其他经济学家分道扬镳时，他说："他们对于商品的活动感兴趣，而我对人类的行为感兴趣。"而其他人用了很久才认识到其中的根本差别。

　　甚至是在20世纪末，还流行起一种科学取得了胜利的观念。冷战结束了，资本主义在全世界传播，一个分析人士所写的畅销书居然敢用这样的名字——《历史的终结》(*The End of History*)。因特网战胜了距离，打破了疆界，一些梦想家甚至猜测因特网的出现会让经济周期理论失灵，并将带来永不停止的经济增长。这些最终推高了股市。当时还有一本畅销书的名字，叫作《冲上道指三万六千点》(*Dow 36,000*)。

然而，21世纪的第一个十年，一系列的大事件提醒我们要关注基本的人性。网络泡沫破灭，留下了自己舔舐伤口的梦想家。然后，"9·11"事件发生了，狂热分子对美国纽约世贸中心进行了无耻袭击，牺牲自己的生命去杀死数以千计的陌生人让他们感到很幸福。这一时代早期的一系列公司丑闻，用沉痛的方式揭示了腐败的盛行。两场残酷的战争证明了人类的历史远没有过去。在证券化狂潮中，对抵押贷款的放纵达到高峰，展示了即使是在最聪明的人群中，希望和贪婪也很容易就压倒了最基本的常识。而一场惊人的金融大崩溃，告诉我们即使是最精细的人类体系，也无疑和人类本身一样脆弱。

所有这些，给管理者留下的是一个终极挑战。他们是艺术家，不是科学家。他们必须应对人类行为中所有的复杂性和不确定性，而且他们所在的世界，是一个被科技拨快了时间、消除了边界、放大了社会中一切最好的和最坏的特征的世界。

到了这一时代的中期，我们能看到一些趋势。公众对企业界的观感明显处于低点，并将持续一段时间。政府对经济的干预，在20世纪最后25年一直在减少，现在则毫无疑问在增加。未来几年，融资可能会更加困难，而推动了世界经济发展几十年的美国消费者，将会捂紧自己的钱包。亚洲将会继续发展，而科技发展还会加速。

不过在新时代取得成功，并不需要一个完美的水晶球——而且谁也没有预测未来的能力。成功真正需要的是能够在不确定性中幸存并在快速变化中迭代发展的体系；还需要那些知道自己没有全部答案，但有信心、有意愿、有判断力领导自己的团队找到答案的谦卑的管理者们。

当我们向《华尔街日报》首席执行官委员会的会员们征集他们读过的最好的管理类图书的名字时，好几个人提到了纳西姆·尼古拉斯·塔勒布（Nassim Nicholas Taleb）的《黑天鹅》（*The Black Swan*）。这本书出版于 2007 年，作者认为那些既不能被预言也不能被预知的事件是生命中最重要的事件——即书名所说的"黑天鹅"。任何知识和学问都不能让你预见到它们的到来。因此，知道你不知道什么就变得和知道你知道什么一样重要。

本书提供了一些实用的建议，教你在迷雾中航行时，如果遇到黑天鹅事件应该怎样去应对。最后，我们想再提供一些宽泛的建议，我们相信这些建议在未来几年会对每个管理者都大有裨益。

保持弹性。管理者将会需要一个有弹性的组织，这样就可以很快对其进行调整，以便应对新的威胁、征服新的挑战。你将会不得不时刻准备着比之前更频繁地重新评估你的使命、战略和目标，以适应不断变化的环境。

搜集数据。管理者将需要"把耳朵贴地"以感知正在到来的变化。这意味着你需要找到新的信息、情报和数据来源。你需要向宝洁前首席执行官雷富礼那样的商业领袖学习——雷富礼要求他的高层管理者走出去，到现场去和那些使用宝洁产品的普通妇女交流。

保持谦逊（多少得有一点）。管理者不能总是觉得自己知道所有答案——因为大部分情况是他们根本不知道。你需要乐于从员工、客户、供应商和任何比你更接近变化中的市场的人那里去听取难以接受的事实。

保持沟通。作为一个管理者，低头关注于经营工作而不与外部交流的时代已经过去了。今后，管理者会越来越像倡议人。面对诸多批评者，你需要集中来自员工、客户、消费者和所有外部利害关系人的支持，生存下去，茁壮成长。

为意外做计划。聚焦于已知的事物是人的本能，但其结果就像是塔勒布所说的，我们"一次又一次忘记了去考虑我们不知道的事"。随着不确定性的增加，那些对不可能的事具有想象力的人会占据有利位置。保留部分现金和其他资源以备不时之需，也变得越来越重要。

保持前瞻。如果你看到了一个问题正在迫近，那就在它真的发生前做点什么……否则事到眼前为时已晚。要做好快速反应的准备。

保持坦诚。在一个充满不确定性的快速变化的环境中生存，组织中的每个人都需要绝对的坦诚。因为你根本就没有时间去处理那些人们用来美化成绩或避免冒犯他人的谎言。

保持扁平化。在新时代到来之前，使组织保持扁平化是一个好主意；而现在，这已经变得很重要。从你发出指令到组织产生行动，如果中间需要经过数层官僚体系的层级，这是企业负担不起的，只会让你们反应迟缓。

交叉培训人才。优秀的管理者一直试图在组织内打破人才的专业壁垒。同样，这一有益的实践现在变成了必需品。你需要掌握多种技能的人才，他们不仅仅能胜任某一类任务，而是能够根据需要任意调遣。

评估你的团队。在当下缺乏宽容的新环境，没有组织能够接受那些不能努力完成分内工作的人。你需要不断地重新评估你的团队，确保你一直在鼓励和提升那些最好的员工，也一直能及时地处理掉那些没有贡献的人。

最后，运用你的辨别力。即使是由一帮博士生搭建起来的用计算机辅助计算的数学模型也无法替代常识。让人不用支付定金，不让他们出具收入证明就违规提供住房贷款，或者发放两三年后月供会猛涨到贷款人还不起的程度的贷款，即使你是火箭科学家，也知道这些都不是好主意。在这场危机中幸存下来的，不是那些拥有最复杂的风险分析模型的银行家，而是那些头脑清醒的人。

致　谢

没有以下各位的帮助，本书就不可能与大家见面。

感谢一代又一代《华尔街日报》具有奉献精神的记者们，是他们创造了这个有史以来最伟大的商业新闻组织。

感谢罗伯特·汤姆森、雷·辛顿和鲁伯特·默多克，是他们在《华尔街日报》历史上的关键时刻，向我们展示了"行动起来"的文化价值。

感谢我一直以来的导师保罗·斯泰格尔，是他教给了我什么是最好的新闻；感谢我的朋友马库斯·布拉切利，有他我才能一直在《华尔街日报》工作。

感谢斯坦福大学商学院研究生院 2005 年高级管理者项目的老师和同行们，是他们让我接受了迄今唯一一次正式的管理学培训。（在简短的培训时间内，他们做到了最好，如果本书中有什么错漏，与他们的教育无关。）

感谢哈珀·柯林斯出版社专业的编辑，霍利斯·海姆鲍奇；感谢我在《华尔街日报》的搭档罗·迪安吉罗；感谢我的同事乔安妮·卢布林，她是我所知道的最棒的文字编辑；感谢我的母亲凯瑟琳·默里，她虽然高龄（不说年龄）但依然目光敏锐，在最后的校样上发现了十几个拼写错误。

感谢我的好妻子罗丽和我的两个孩子——路西安和阿曼达，是他们为我所做的一切提供了终极动力。

图书在版编目（CIP）数据

给忙碌者的极简管理学 / (英) 穆瑞澜著；张维懿译. -- 成都 : 四川人民出版社，2021.12
ISBN 978-7-220-12616-1

Ⅰ.①给… Ⅱ.①穆…②张… Ⅲ.①管理学 Ⅳ.① C93

中国版本图书馆 CIP 数据核字 (2021) 第 249612 号

四川省版权局
著作权合同登记号
图字：21-2022-76

THE WALL STREET JOURNAL ESSENTIAL GUIDE TO MANAGEMENT: Lasting Lessons from the Best Leadership Minds of Our Time by Alan Murray.
Copyright © 2010 by Dow Jones & Company.
Published by arrangement with HarperCollins Publishers.
All rights reserved.
Simplified Chinese translation copyright © 2022 by Ginkgo (Beijing) Book Co., Ltd.

本简体中文版版权归属于银杏树下（北京）图书有限责任公司。

GEI MANGLUZHE DE JIJIAN GUANLIXUE

给忙碌者的极简管理学

著　者	［英］穆瑞澜
译　者	张维懿
选题策划	后浪出版公司
出版统筹	吴兴元
特约编辑	高龙柱
责任编辑	谢春燕
装帧制造	墨白空间·杨和唐
营销推广	ONEBOOK
出版发行	四川人民出版社（成都槐树街 2 号）
网　址	http://www.scpph.com
E-mail	scrmcbs@sina.com
印　刷	鸿博昊天科技有限公司
成品尺寸	143 毫米 ×210 毫米
印　张	8.5
字　数	150 千
版　次	2022 年 4 月第 1 版
印　次	2022 年 4 月第 1 次
书　号	978-7-220-12616-1
定　价	56.00 元